花咲く都・黄金文明

竜宮音秘

人類の黄金時代が
「日出づる神国」日本から花開く

はじめに

この二一世紀において、私たち人類の意識は飛躍的進化を遂げ、さなぎから蝶へと生まれ変わり、新たな地球が誕生することになります。

有史以来数千年の人類の古い歴史が幕を閉じ、人類の新しい歴史が幕を開け、私たち人類は、黄金時代を迎えるのです。

今、私たちがいるのは、有史以来数千年の人類の古い歴史の最終局面であり、**地球人類総真釣《まつ》り（総決算）の時**なのです。

これから地球は、未曾有の領域に突入するでしょう。

そして、その先に待っているのは、想像だにない新しい世界なのです。

私たち人類が待ちに待った、全人類の春を迎えます。

もはや、国と国、民族と民族、宗教と宗教が相争うことの無い、平和で自由で豊かな、喜びに満ちた世界が花開く時を迎えます。

キリスト教の世界で言われる**「至福千年王国」**のことでもあります。

これは、太古の昔から決まっていたプログラムであり、天の大いなる計画なのです。

そして、その中心的役割を果たすのは、私たち日本人なのです。

東洋の「日出づる神国」、「霊《ひ》ノ元」日本は、その為に、太古の昔から用意され、導かれてきた国であり、民族なのです。

これから、私たち日本人の中に眠る遺伝子が目覚め、蘇り、花開く時を迎えます。

私たち日本人が中心となって、地球の恒久平和、大いなる和「大和」が実現し、地球は宇宙時代を迎えるのです。

そして、宇宙時代の中心となり、宇宙時代をリードしていくのは、私たち日本人なのです。

地球の新たな精神文明**「花咲く都・黄金文明」**は、東洋の「日出づる神国」、「霊《ひ》ノ元」日本から花開きます。

本書は、日本人の遺伝子を目覚めさせる、新しい時代のメッセージとして世に出されたものです。

「花咲く都・黄金文明」を迎える為に知っておくべき、最も本質的な、大切な内容のことを書いたつもりです。

今ある常識では理解出来ないような内容のことも書かれているかと思いますが、自らが持つ常識・固定観念・先入観ですぐに否定したりしようとせずに、**まずはピュアな心で一読されることを、強くお勧め致します。**

何れ私たちは、今ある常識の変更を余儀なくされることになるでしょう。

本書が、新しい時代を生きる皆様のお役に立つことを願っています。

竜宮音秘

目次

「霊《ひ》ノ元」日本の天岩戸開き、富士は晴れたり日本晴れ……147

花咲く都・黄金文明

生まれ変わる地球――人類はさなぎから蝶へと飛翔する

二一世紀の今この時、私たちの星・地球は、新しい地球へと大きく生まれ変わろうとしています。

私たち人類の意識が飛躍的進化を遂げ、さなぎから蝶へと生まれ変わり、私たち人類は、黄金時代を迎えるのです。

「花咲く都・黄金文明」とでも呼ぶべき、地球の新たな精神文明が日本から花開き、私たちが待ちに待った、全人類の春を迎えます。

これは、太古の昔から決まっていたプログラムであり、天の大いなる計画なのです。有史以来数千年の人類の歴史は、これから私たちが迎える黄金時代の為にあったと言っても過言ではありません。

全ては、今この時の為に、準備されて来たのです。

さなぎから蝶へと生まれ変わるように、**私たち人類は、黄金の蝶となって宇宙へと飛翔するでしょう。**

かつて人類の歴史においては、ルネッサンスや、日本でも明治維新など、大きな変革の時代がありました。

しかし、私たちがこれから経験するのは、それらとは比較にもならないような大きな変革であり、**有史始まって以来の大変革**なのです。

自然環境を始め、政治、経済、金融システム、科学技術・テクノロジー、宗教、世界観、医療、教育、常識、概念、ライフスタイルなど、ありとあらゆるものごとが根本的に変わろうとしています。

今私たち人類が向かっているのは、決して、地球の破滅や人類の滅亡などではありません。

それとは逆の、想像だにない新しい世界へと向かっているのです。

今地球上で起きている全てのことは、人類の意識の飛躍的進化と、新たな地球の誕生に向けて起きて来ています。

天変地異を始め悲劇的に思える出来事なども、新しい地球が誕生する為の陣痛

（神通《じんつう》）のようなものなので、決して地球の破滅へと向かっている訳ではありません。
それとは逆の、想像だにない素晴らしい世界へと向かっているのです。

もはや、国と国、民族と民族、宗教と宗教が相争うことの無い、平和で自由で豊かな、喜びに満ちた世界が花開きます。

キリスト教の世界で言われる**「至福千年王国」**のことでもあり、仏教的表現を使えば、**弥勒世**ということになります。

今、人類の意識を飛躍的に進化させ、新たな地球の誕生へと導く為のエネルギーが、宇宙から大量に降り注いで来ています。

私たち人類が黄金時代を迎える為に、宇宙は全面的にサポートしています。

人類が黄金時代を迎える為に、私たち人類と母なる星・地球は、宇宙から全面的にサポートされています。

大変とは、大きく変わると書きますが、大変だからこそ大きく変われるのであり、逆に言えば、大変でなければ大きくは変われないとも言えるかも知れません。

有史始まって以来とも言うべき大変化のプロセスを経て、人類はさなぎから蝶へと生まれ変わり、黄金の蝶となって宇宙へと飛翔するでしょう。

今、私たち人類は、**稀有の時代**を生きているのです。

最も大きな変化とは、実は、最も静かな変化

今、地球が大きく変わろうとしており、大変化の真最中にある、ということがよく言われているかと思います。

そして、そう思う人たちの中には、大地震や津波、火山の噴火などの天変地異や、原発事故、放射能汚染、第三次世界大戦、核戦争、最終戦争（ハルマゲドン）、資本主義崩壊、世界大恐慌、食糧危機、エネルギー危機、自然破壊、隕石や小惑星の衝突など、いわゆる大事件・大変化が起きるということに、大きな関心を抱いたり、心配している人たちも多く見受けられます。

確かに、それらの、大きなニュースになるような事柄も、大きな変化ということは出来るかと思います。

しかし、それらの事柄は、あくまでも大変化の一部にしか過ぎず、氷山の一角のようなものだと言えます。

氷山のように目に見える変化の下深く、水面下には、さらに大きな変化が、目には

見えなくとも存在しています。

最も大きな変化とは、実は、最も静かな変化であると言えます。それは、大事件・大ニュースのように派手な変化ではなく、深く深く静かに進行して、最後には根こそぎ全部新しく変えてしまうような、大きな大きな変化の波・うねりのようなものかも知れません。

今、地球が新たに生まれ変わろうとしており、大変化のプロセスが加速していますので、大事件・大ニュースのように、目に見える変化も多く起きていますが、目に見える変化の水面下には、さらに大きな変化が静かに進行しており、**最も大きな変化・最も静かな変化は、最終的には、人類の黄金時代の幕開けとなって一気に表に現れ、全世界を変えてしまうことになるでしょう。**

人類数千年の古い歴史の最終局面（クライマックス）

今、私たちは、有史以来数千年続いた、**人類の古い歴史の最終局面（クライマックス）**を迎えています。

言わば、**地球人類総真釣り《まつ》（総決算）の時**を迎えているのです。

早ければ西暦二〇三〇年頃、遅くとも二〇四〇年までには、私たち人類は黄金時代を迎え、地球の新たな歴史が幕を開ける時を迎えます。

ですから、有史以来数千年続いた、人類の古い歴史は、あと十数年で終わりの時を迎えようとしているのです。

これからの十数年の間に、これまで人類が溜め込んできた、矛盾、不調和、悪、抑圧されていたエネルギー、封印されていたもの、隠蔽されていた情報など、膿・毒素のようなものが、全世界の至る所で、ありとあらゆる分野において、一気に噴出して来ることになるでしょう。

また一方では、これからの新しい時代に必要とされる、真実の情報や、様々な発明や発見、科学技術・テクノロジー、個人の才能など、新しい時代に向けての動きが、全世界の至る所で、ありとあらゆる分野において、一気に芽吹いて来ることになるでしょう。

これからの十数年の間に、良いものも悪いものも、善も悪も、全てが白日の元に晒され、明らかにされる流れに入っています。

そして、それを後押しするのが、インターネットの存在なのです。

インターネットが持っている力によって、社会悪や陰謀など、今まで隠されていた人類の闇の部分も、どんどん明らかにされてくることになるでしょう。

また一方では、インターネットが持っている力によって、真実の情報など、今まであまり表に現れていなかった人類の光の部分も、どんどん明らかになってきます。

インターネットの存在無くして、私たち人類が、全人類の春を迎えることは出来ません。

これは単に、インターネットだけのことではなく、インターネットの普及に代表されるような、科学技術・テクノロジーが、ある一定水準に到達して初めて、私たちは、人類の黄金時代の扉を開くことが出来るのです。

私たちは今ようやく、人類の黄金時代の扉を開くことが出来る科学的水準に到達したのであり、今の科学的水準に到達するまでは、人類の黄金時代の扉を開くことは出来なかったのです。

二一世紀の今ようやく、私たち人類は黄金時代を迎えることが出来る科学的水準に到達したのであり、これは、太古の昔から決まっていたプログラムなのです。

太古の昔から決まっていたプログラム

この二一世紀に、私たち人類が黄金時代を迎えることは、太古の昔から決まっていたプログラムであり、私たちは、黄金時代の扉を開くことが出来るだけの科学的水準と意識レベルに、今ようやく到達したのです。

これは、何千年も前から決まっていた天のプログラムであり、全ては予測されていました。

私たち人類がこれから黄金時代を迎える為には、有史以来数千年の今までの歴史と、今ある科学的水準を獲得出来るまでの歩み・道程が必要だったのです。

その為には、有史以来数千年の歳月が必要でした。

私たち人類の意識レベルと科学的水準は、深く関係しており、密接不可分の関係にあります。

有史以来数千年の歳月を掛けて、私たち人類は、科学レベルとともに意識レベルも、黄金時代を迎えられるだけの水準まで高めて来ることが出来たのです。

私たちは、生きている時代の制約というものを受けていますので、**生きている時代の科学レベルでしか、物事を判断することは出来ません。**


例えば、ほんの数百年程前まで、人類は、この地球という星が宇宙の中心にあり、地球の周りを太陽が回っていると信じ込んでいました。

その後科学が発達したので、私たちは、太陽が地球の周りを回っているのではなく、地球が太陽の周りを回っているのだということを理解しています。

天動説が地動説に変わるような、**コペルニクス的大転回**を、これから人類は経験することになります。

それによって、私たち人類の黄金時代の扉が開かれるのですが、そのことについては、後でまた詳しく説明していきたいと思います。


有史以来数千年の歳月を掛けて、今ある文明は一歩一歩築き上げられて来た訳ですが、特に二〇世紀に入ってからの百年位の間に急速に進んだ科学の進歩には、目覚しいものがあります。

二〇世紀に入ってから急速に進歩した科学レベルにより、人類の意識レベルも急速に進化し、**今ある文明のクライマックスを迎えられるだけの臨界点に到達しました。**

科学が高度に発達したことによる、正の側面においても負の側面においても、現文明から次の文明に移行すべき、臨界点を迎えているのです。

地球の新たな精神文明「花咲く都・黄金文明」に移行すべき臨界点を迎えているのです。

科学が高度に進歩した負の側面として最大なのは、やはり核の存在だと思います。

核兵器というものが開発されて、広島と長崎に投下されるという、最悪の悲劇を招いてしまいました。

また、原子力発電所というものを稼働させたことにより、チェルノブイリでの原発事故や、東日本大震災においても、福島原発周辺の数十万人の方々が避難所生活を強いられるという事態を招いています。

米ロを中心に数万発はあるとされる核兵器について、人類は未だに何の解決策も見出せないまま、もし万一、核戦争でも起きれば、人類が自己破滅しかねないような危険な状況の中にいるのが現状なのです。

また、地震大国の日本という小さな島国にすら、五十数基もの原発があり、原発に頼らないでエネルギーを確保していく道筋すら、明確に描けていないのが現状です。

また一方で、科学が高度に進歩した正の側面の中で、先程述べた**インターネットの存在は、見逃すことの出来ないもの**となります。

今までは、大手マスコミなどによって一方的に、権力者にとって都合の良い情報だけが流されており、権力者にとって都合の悪い情報は流されていませんでした。

しかし今では、インターネットの普及により、真実の情報が容易に入手出来るような時代になりました。

また、インターネットは、国境を越え、人種・民族・宗教などあらゆる垣根を越えて、**人類が一つに繋がっていく為の最強のツール**となっています。

そして、科学が高度に進歩した正の側面の中で、**特に注目すべきなのは、バイオテクノロジーと宇宙科学に関する分野**になります。

今、私たち人類は、**遺伝子（ＤＮＡ）**というものを解読出来るだけの科学的水準に到達しました。

そして、クローン技術というものも獲得するに至っています。

クローン技術など遺伝子工学の進歩により、私たちは、**生命を科学的に創造することが出来る**ということを理解出来るようになりました。

また、宇宙ロケットを開発して、地球から宇宙空間に出て行ける時代にもなり、**近い将来、火星への移住計画が、アメリカ航空宇宙局（ＮＡＳＡ）だけではなく民間レベルでも進められている**ような時代を迎えています。

また、まだまだ先の話になりますが、「火星テラフォーミング」という計画も取り沙汰されているようです。

これは、「地球化」、「地球惑星化」などと呼ばれ、要するに、火星に大気を作って、人類が生息出来るような環境に人為的に火星を作り変えてしまおうという計画なのですが、そのような計画まで取り沙汰されているような科学的水準に、私たち人類は到達しているのです。

生命を創造することが出来るようになった科学的水準、そして、他の惑星に行って人類が移住することも可能になるような科学的水準を合わせると、どのようなことが可能性として予測出来るでしょうか？

そうです、**火星などの他の惑星に行って生命を創造することが、将来可能になる**ということなのです。

このことを理解することは、とても大切になります。

何故なら、将来、科学が進歩すれば私たち人類に可能になるということは、もしこの宇宙に、**私たち人類よりも遥かに高度な文明を持った知的生命体が存在していた場合、太古の昔に、彼らが地球にやって来て、生命を創造することは可能だった**ということを理解出来るからなのです。

このことを理解することが、**地球の黄金時代の扉を開く為には大切**となるのです。

私たち人類は、有史以来数千年の歳月を掛けて、ここまでの科学的水準に到達してきましたが、これから先何千年、何万年、何十万年・・・・と続いていく人類の長い歴史から見れば、**まだほんの初期の段階にしか過ぎない**と言えます。

二〇世紀に入ってからの百年位の間だけでも、科学は急速に進歩した訳ですから、**これから百年、二百年、三百年先の未来においては、どれだけ科学が進歩しているのかは、誰にも予測出来ない**と思います。

もしこの宇宙に、今の人類よりも遥かに進んだ科学的水準にある知的生命体が存在するとしたら、彼らにどのようなことが可能なのかは、**想像することすら出来ない**と思います。

ですから、大切なことは、自分の持っている常識・固定観念・先入観で、自分に理解出来ないことを頭から否定したりしないことだと思います。

私たち一人ひとりが、科学の持つ可能性、私たち人類の中に眠る無限の可能性に心を開き、開かれた目で真実を見ることによって、人類の黄金時代の扉は開かれること

になるのです。

無知蒙昧な神秘主義に陥ることなく、真実の目で人類の過去の歴史を見つめ、真実の目で人類の未来を見つめることが、人類の黄金時代の扉を開く為には大切なことなのです。

高次元空間への移行

今、地球上で進行していること、そして、私たち人類に起きていることは、高次元空間への移行ということになります。

今ある次元から、より高い次元へと移行しつつあるのだと言えます。

それは即ち、私たち人類の意識が、格段に進化するということに他なりません。

今のままの意識レベルでは、もう持たない所まで来ており、**人類の意識が飛躍的進化を遂げない限りは、新たな地球の未来を創造することは出来ない**と言っても過言ではありません。

先程述べたように、科学が高度に発達した負の側面としての、核の問題一つ取ってみても、私たち人類は、何の解決策も見出せないままの状態です。

今、この地球上には数万発もの核兵器が存在しており、最大の破壊力を持つものは、広島型原爆の数千倍もの破壊力があるようです。

人類が自己破滅しかねない程の核兵器を保有していますが、核廃絶への道筋は、全く見えていません。

自然環境の破壊が進み、地上からどんどん緑地が失われて砂漠化していく一方で、相変わらず、自然破壊を行いながら物質文明を突き進んでいます。

地球の人口がどんどん増え続けている一方で、貧富の差は無くならず、地上から貧困が無くなる気配は見られません。

そして、戦争やテロが無くなる気配は一向に見られません。

特に、中東において何千年も前から続いている、人種・民族・宗教の間の争い・対立などは、一向に解決の糸口が見えないような状態で、世界平和という言葉すら、現実味がなく少し空虚に感じられるのが、現状ではないでしょうか。

私たち人類が今の意識レベルのまま、自らの中にある悪の心（行き過ぎた欲望、攻撃性・野蛮性など）を克服出来なければ、もう地球が持たない所まで来ていると言っても過言ではありません。

私たち人類の意識が飛躍的進化を遂げない限りは、地球の新しい未来を創造してい

くことは出来ないのです。

そして、地球の新しい未来を創造していく為には、今ある古い情報ではなく、**次世代の新しい情報にバージョンアップ**させる必要があります。

次世代情報へのバージョンアップ

コンピューターには、基本ソフト・ＯＳが入っていますが、これをバージョンアップさせることにより、よりスムーズに処理が出来るようになり、高速処理が可能になります。

例えば、昔のウインドウズ７やウインドウズ８が行っていた処理を、最新のウインドウズ11にバージョンアップさせれば、よりスムーズに高速処理が出来るようになる筈です。

これと同じことが、私たち人類の脳についても言えるかも知れません。

今、私たち人類の脳の中に入っている基本ソフト・ＯＳをバージョンアップさせることにより、脳がよりスムーズに高速処理が出来るようになるとも言えます。

今、私たち人類の脳の中に入っている基本ソフト・ＯＳは、もはや古すぎて使い物にならなくなってきており、完全にフリーズしそうになっています。

今入っているソフトでは古すぎて限界が来ており、このソフトを使い続けられるのも、もはや時間の問題だと言えそうです。

今、あらゆる面において人類が行き詰まりを見せており、人類の未来に対して、明確な明るいビジョンを描くことが出来ないのは、今入っているソフトが古すぎて、もはや新しい未来を創造していくことは出来ない所まで来ているからなのです。

地球の新しい精神文明**「花咲く都・黄金文明」**は、私たち人類の新しい意識から創造されます。

そして、人類の新しい意識を創る為には、新しいソフトへとバージョンアップさせる必要があります。

私たち人類の意識にある、**古い常識・概念・固定観念などを、次世代の新しい情報へとバージョンアップ**させない限りは、人類の新しい未来を創造することは出来ません。

今ある古いソフトでは処理出来ないような問題でも、新しいソフトに入れ替えることにより、高速処理が可能になります。

今、私たち人類の前に山積している様々な問題は、もはや、今ある古いソフトのままでは解決出来ない所まで来ており、次世代情報が入った新しいソフトにバージョンアップして初めて、高速処理により解決されることになります。

地球の新しい精神文明「花咲く都・黄金文明」は、今の人類が持っている常識・概念や世界観とは、まるで違う意識レベルにより創造されることになります。

新しい世界観

今、私たち人類に最も必要なのは、新しい世界観だと言えるかも知れません。

今までの世界観とはまるで次元が違う、新しい世界観であり、この世界観が入って初めて、人類の意識は飛躍的進化を遂げ、新しい地球を創造出来ると言っても良いかも知れません。

人類が数千年間使ってきた世界観は、もはや古すぎて使い物にならなくなってきており、完全に行き詰まりを見せつつあります。

今、地球上のあらゆる面において行き詰まりが感じられ、人類の未来に対する明確な明るいビジョンが描けなくなっているのは、今ある世界観が古すぎて、もはや新しい未来を創造していくことは出来ない所まで来ているからなのです。

全てを包含するだけの力を持った新しい世界観により、私たち人類の意識は飛躍的進化を遂げ、新たな黄金時代を迎えることになります。

人類の黄金時代の扉を開く為の新しい宇宙観

私たち人類は、有史以来数千年の歳月を掛けて、今ようやく、人類の黄金時代を迎えられるだけの科学的水準に到達しました。

しかし、ここから先、人類の黄金時代の扉を開く為には、次世代情報へとバージョンアップさせて、新しい世界観へと入れ替える必要があります。

今ある世界観のままでは、荒廃し続ける自然環境を始め、核の問題、戦争やテロの問題など、何一つ、解決の為の明確なビジョンを描くことは出来ないでしょう。

しかし、幸いなことに、今という時代は、**真実が啓示される時代、アポカリプス（黙示録）の時代**を迎えていますので、人類の黄金時代の扉を開く為の新しい世界観を、誰でも簡単に知ることが出来る時代を迎えています。

啓示された真実を知ることにより、私たちは、**科学が持つ無限の可能性**に心を開くことが出来るようになるとともに、**新しい宇宙観**を持つことが出来るようになるでしょう。

科学が持つ無限の可能性に心を開き、真実の目で人類の過去の歴史を見つめ、真実の目で人類の未来を見つめて、**人類の黄金時代の扉を開く為の新しい宇宙観**を持つことが大切となります。

では、**真実が啓示される時代、アポカリプス（黙示録）の時代**とは、どのような時代なのでしょうか？

アポカリプス（黙示録）の時代——真実が啓示される時代

アポカリプス（黙示録）の時代とは、真実が啓示される時代ということです。

何の真実かと言えば、**地球の全生命がどのようにして創造されたのか**についての真実であり、**聖書に書かれている内容**についての真実であり、**聖書に書かれている神という存在**についての真実なのです。

このことは、私たち人類がある一定水準の科学的レベルに到達するまでは理解出来ないので、明かされませんでした。

また、私たち人類が核兵器を開発した為に、広島と長崎に投下される事態を招き、自ら自己破滅しかねないような危険な科学的水準に到達した為に、明かされる時を迎えたのです。

アポカリプス（黙示録）の時代とは、あらゆる物事が科学的に理解可能になる時代のことであり、それは即ち、私たちが今生きている現代のことなのです。

エロヒム――聖書における神とは

世界の主な宗教の源は一つであり、地球の全生命を創造した存在たちの世界が、そのルーツとなっています。

聖書においては、神（ＧＯＤ）と訳されています。

しかし、聖書に訳されている**神（ＧＯＤ）という言葉は、誤訳**なのです。

聖書において神（ＧＯＤ）と訳されている元々の原語は、ヘブライ語のエロヒムという言葉になります。

エロヒムとは、ヘブライ語で「天空から飛来した人々」という意味の言葉であり、れっきとした複数形なのです。

単数形が、エロハになります。

イスラム教における唯一絶対神アラーとは、このエロハという言葉から来ています。

イスラム教における唯一絶対神アラーとは、ユダヤ教における唯一絶対神ヤーウェのことであり、同じ存在のことなのです。

当時の人々が、ヤーウェを崇拝するあまり本当の名前を出すのは畏れ多いと考え、固有名詞ではなく普通名詞のエロハと呼んでいたことから来ているようです。

ヤーウェとは、イエス・キリストが「天の父」と呼んだ存在のことでもあります。**世界の主な宗教の源は一つ**なので、ユダヤ教における唯一神ヤーウェとは、イエス・キリストが「天の父」と呼んだ存在のことであり、イスラム教においては、唯一神アラーと呼ばれている、同じ存在のことなのです。

とにかく、聖書において神（ＧＯＤ）と訳されている元々の原語は、ヘブライ語のエロヒムという言葉であり、**「天空から飛来した人々」**を意味する、れっきとした複数形なのです。

「天空から飛来した人々」、つまり、「他の惑星からやって来た人間たち」によって天地創造が行われたことを、聖書は伝えているのです。

旧約聖書の『創世記』に**「神は御自分にかたどって人を創造された」**と書かれているとおり、聖書における神とは、私たち人間と同じような姿・形を持った存在たちなのです。

無形の超自然の全能の神が地球の全生命を創造した訳ではなく、「天空から飛来した人々」によって、地球の全生命は創造されたのです。

「天空から飛来した人々」を意味するエロヒムというヘブライ語が、いつの間にか、神（ＧＯＤ）という言葉に誤訳されてしまい、無形の超自然の全能の神という概念にすり替わってしまったのです。

聖書における神（ＧＯＤ）という言葉は、史上最大の誤訳

無形の超自然の全能の神により天地創造が行われたという概念は、**「天空から飛来した人々」**を意味するエロヒムというヘブライ語が、いつの間にか、神（ＧＯＤ）と誤訳されてしまったことによるものなのです。

聖書における神（ＧＯＤ）という言葉は、史上最大の誤訳だと言っても過言ではありません。

無形の超自然の全能の神が天地創造を行った訳ではなく、他の惑星からやって来た、私たちと同じ人間たちによって天地創造が行われたことを聖書は伝えていますので、実は、**聖書とは、世界最古の無神論の書**なのです。

『創世記』に書かれた天地創造の真実とは

それでは、「天空から飛来した人々」であるエロヒムとはどのような存在であり、どのようにして彼らの手で天地創造が行われ、そして、聖書に書かれている真実とは何だったのでしょうか？

これらについては、世界的なベストセラーになった、クロード・ボリロン・ラエルの著書『真実を告げる書』の中に書かれていますので、既にご存知の方も多いかも知れません。

『真実を告げる書』の中には、エロヒムのリーダーであるヤーウェからラエルに伝えられた、聖書についての真実、天地創造についての真実が書かれています。

ここでは、『真実を告げる書』と、ラエルの『異星人を迎えよう』の中から要点だけをご紹介させていただきますので、まだご存知でない方は、一読されることをお勧め致します。（二冊合併版の邦題『地球人は科学的に創造された』無限堂）

エロヒムの惑星は、私たちの太陽系とは別の太陽系にあり、**今の地球の科学よりも**

遥かに進んだ、高度な文明を持っています。

かつて、エロヒムの惑星においては、高度な遺伝子工学技術によって、**実験室で遺伝子（ＤＮＡ）を合成**し、人工生命の創造を行う実験に熱中していました。

しかし、科学者たちが奇妙な小動物を創造する段階まで達した時、社会に危害をもたらすような怪物を生み出す恐れがあった為、世論も惑星政府も、科学者たちがそれ以上実験を進めることを禁止しました。

一方、人工生命の創造と並行して、他の惑星や銀河系の探査も進められていきましたので、科学者たちは、彼らの実験を続けるのに必要な条件をほぼ兼ね備えた惑星を探査していきました。

そして、エロヒムの惑星では出来なくなってしまった、**人工生命を創造する為の実験場として、科学者たちが選んだ惑星が、私たちの星・地球だったのです。**

科学者たちは、地球という惑星を発見し、人工生命の創造に必要な要素を全て備えていることを確かめてから、天地創造を行いました。

エロヒムが地球にやって来た時、当時の地球は、水と濃密な霧にすっぽりと包まれていたようです。

エロヒムは、海の上をすっぽりと包んでいた濃密な霧を除去して、大空と海とに分けました。

こうして海から分けられた大空が、天と呼ばれるようになりました。

『創世記』では、エロヒムが太陽や月や星などの天体を創ったような印象を受けてしまいますが、実際には、エロヒムが、海の上を覆っていた濃密な霧を除去して、太陽や月や星などの天体を、地表から見えるようにしたことを表現しています。

『創世記』は、次のような言葉で始まります。

「初めに、神は天地を創造された。地は混沌であって、闇が深淵の面《おもて》にあり、神の霊が水の面《おもて》を動いていた。」(『創世記』第1章・第1・2節)

そこに書かれている天地創造とは、あくまでも、**私たち人間にとっての天地創造であり、地球から見た天地創造なのです。**

地球の表面が海洋と濃密な霧に包まれており、天地の切れ目が曖昧で明確でなく、混沌とした状態であり、太陽の光が海面まで到達することが出来ないので、暗闇の状態である場面が『創世記』の始まりとなっています。

そして、「神の霊」とは、エロヒムの宇宙船のことであり、**エロヒムの宇宙船が、海上を動いている場面から、『創世記』の天地創造はスタートしている**のです。

エロヒムの宇宙船は、聖書の中では、「神の霊」、「雲」、「主の栄光」などとも表現されています。

『創世記』に書かれている天地創造とは、あくまでも、地球から見た天地創造なのであり、私たち人間にとっての天地創造なのです。

「無から有」を生み出すような、無数の銀河を持つ**「無限」の大宇宙そのものの創造について語っている訳ではありません**ので、注意が必要になります。

エロヒムは、地球の周りに人工衛星を配置して、地球の大気や組成、太陽が有害な光線を放射していないかなどを確かめてから、生命の創造を開始しました。

『創世記』では、天地創造は七日間で行われたと書かれていますが、**そこで書かれて**

いる一日は、約二〇〇〇年に当たるそうです。

「こうした調査にはかなりの時間がかかりました。ここでいう一日は、あなたがたの太陽が春分の日に黄道12宮のあるひとつの宮から昇りつづけている期間に対応しているので、地球上でのほぼ二〇〇〇年間にあたります。」（『真実を告げる書』22頁）

ちなみに、**月が今の形に配置されているのは、エロヒムの手によるもの**なのです。

太陽と月という、大きさも地球からの距離も全く異なる二つの天体が、地球から見てほぼ同じ大きさに見えるのは、エロヒムがそのように配置したからなのです。

太陽だけではなく、月が持つ働きも、地球の生命にとって必要なのです。

女性の生理を始め、生物のバイオリズムに月が大きな影響を与えていることは、よく知られていますが、月を今の形に配置したのは、エロヒムなのです。

エロヒムは、水と濃密な霧ですっぽりと覆われていた地球から、原初の一つの大陸を創造しました。

ブルドーザーに似た働きをする強力な爆発を起こして、海底の物質を盛り上げて一箇所に積み重ね、大陸を形成するようにしたのです。

今ある大陸は、元々一つの大陸だったのです。

そして、全くの化学物質だけから植物の細胞を創造しました。

これから、あらゆる植物が得られたのです。


大陸のあちこちに散らばって行って、**様々な植物を創造した後に、エロヒムの科学者たちが行ったのは、原始的な水棲生物を創造すること**でした。

プランクトンから小さな小魚へ、そして、さらに大きな魚へと・・・。

小魚が食べる藻類や、小魚を食べるもっと大きな魚なども創造されました。


エロヒムの科学者たちが、魚の次に創造したのが、鳥です。

海で泳ぐ魚と、空を飛ぶ鳥の次に、科学者たちは、大陸の動物を創造しました。

大地は植物が繁茂していたので、植物を餌とする草食動物が最初に創造され、その次には、草食動物の数のバランスをとる為に、肉食動物が創造されました。

エロヒムの科学者たちが地球での生命創造を開始すると、エロヒムの惑星の超一流の芸術家たちも実験に参加するようになりました。

そして、様々に美しく香り高い花々や植物、様々に美しい動物、様々に面白い動物などを、**科学者と芸術家たちが協力して、洗練を加えながら創造していきました。**

エロヒムの科学者チームはいくつかあり、しばしば会合を開いたりして、最も美しい動物、あるいは、最も興味深い動物を創造した科学者チームを決める為、コンクールを計画したりしました。

そしてさらには、**エロヒムの科学者チームで最も有能な人々は、彼らと同じような人間を、人工的に創造しようとしました。**

「神は言われた。

『我々にかたどり、我々に似せて、人を造ろう。そして海の魚、空の鳥、家畜、地の獣、地を這うものすべてを支配させよう。』

神は御自分にかたどって人を創造された。

神にかたどって創造された。

男と女に創造された。」（『創世記』第1章・第26・27節）

人類最初の人間であるアダムとイブは、実験室の中で人工的に創造された「試験管ベビー」でした。

進化論は誤り

地球上の全生命は、エロヒムが実験室で科学的に創造したものなので、ダーウィンに代表されるような**進化論は誤り**なのです。

私たち人間は、初めから人間として創造されたのであり、決して、サルから進化した訳ではありません。

現在、この地球上には少なくとも、百万種類以上もの動物と数十万種類以上もの植物が存在すると考えられているようですが、もし生命が、単細胞のアメーバのようなものから偶然進化してきた結果だとしたら、これ程多種多様な生命が存在している筈がないということは、容易に想像出来るのではないでしょうか。

実際には、エロヒムの科学者たちと芸術家たちが協力して、様々に美しい動植物や、様々に面白い動物、様々に興味深い動物などを、実験を重ね、洗練を加えながら、創造していった結果なのです。

アダムとイブ――エデンの園とは

人類最初の人間であるアダムとイブは、実験室の中で科学的に創造された「試験管ベビー」でした。

エロヒムの科学者チームはいくつかあったのですが、その中で、**古代イスラエルの**地にいた科学者チームは優秀だったので、その地にある動物は最も美しく、その地の植物は最もかぐわしいものでした。

エデンの園とは、このことだったのです。

そして、この地で創造された人間が最も高い知性を備えていました。

エロヒムの科学者たちが、この地球で遂に、彼らの姿に似せて人間を創造したことにより、エロヒムの惑星では大問題になり、パニックになる恐れさえ出てきました。もしも人間の能力と力がエロヒムを上回ることになれば、エロヒムにとって脅威になると考えたからです。

そこでエロヒムは、**創造物である人間が、エロヒムを上回ることがないように**対策を講じなければなりませんでした。

惑星政府は科学者たちに対して、地球で最初に創造された人間たちに、どのようにして彼らが創造されたのか、そして、エロヒムとは何者なのかを明かすことを厳禁しました。

そして、人間に科学の偉大な秘密を教えず、原始的な状態で科学に無知なまま生存させるようにして、知性が限られたものになるようにしました。

そして、人間が、創造者であるエロヒムに対して畏敬の念を抱き、超自然的で神的な存在であると思うように仕向けたのでした。

科学の偉大な力によって、エロヒムは地球の全生命を創造し、彼らに似せた知的生命体、即ち人間を創造したのですが、彼らの創造の秘密、即ち、**科学の偉大な秘密を隠して人間には知られないようにし、エロヒムの活動を神秘化したのです。**

楽園と呼ばれたエデンの園において、人間たちは何不自由なく暮らしていたのですが、たった一つだけ、**「科学の書」に触れることだけは禁じられていました。**

エデンの園の中央に生えている、**善悪を知る木**に生っている果実、即ち、**「禁断の果実」とは、実は、「科学の書」のことだったのです。**

楽園からの追放――エデンの園の「禁断の果実」とは

エデンの園の中央にある、善悪を知る木に生っている「禁断の果実」とは、実は、「科学の書」のことでした。

創造者であるエロヒムにとっての「善」とは即ち、人間が原始的なままで科学の偉大な秘密を知ることなく、エロヒムを上回らないということでした。

そして一方、エロヒムにとっての「悪」とは、人間が科学の偉大な秘密を手にして、エロヒムを上回ることだったのです。

そこでエロヒムは、人間を原始的なままの状態にして**「科学の書」を禁じ、エロヒムを崇敬して超自然的な神的な存在であると思わせるようにした**のです。

しかし、エロヒムの科学者たちの中に、彼らが創造した人間たちを深く慈しんでいる人々がいました。

古代イスラエルの地にあった実験場の中に、「へび」という名のニックネームで呼ばれている科学者チームがあり、そのチームのリーダーの名前がルシファーでした。

ルシファーは堕天使と呼ばれたりすることがありますが、**ルシファーとは、語源的に言うと「光を運ぶ人」**を意味します。

何故、ルシファーが堕天使と呼ばれるようになったのかと言うと、**ルシファーたち「へび」チームが、アダムとイブに「禁断の果実」である「科学の書」を教え、惑星政府から追放されてしまったから**なのです。

惑星政府は科学者たちに、**人間に真実を告げることを厳禁**し、常に超自然の神のように振舞うよう指導していました。

しかし、ルシファーたちは、彼らが創造した人間たちの素晴らしい能力を見て、次第に人間たちを我が子のように深く愛するようになり、惑星政府の指導から逸脱することを決めたのです。

自分たちは神ではなく、血と肉を持った人間であり、手で触れることの出来る物質で出来た宇宙船に乗って飛来して来たのだということを告げる決心をしたのです。

肉体的にも精神的にも美しく、素晴らしい能力を持った創造物が、自分たちを偶像のように崇拝することに、もう耐えられなくなったのです。

ルシファーたちは、この子供たちに完全な知識を授け、彼らのような科学者にしたいと考え、間もなく成人になるアダムとイブに、**科学を学べば、創造者と同じような強大な力を持つことが出来ると教えた**のです。

「二人の目は開け、自分たちが裸であることを知った」（『創世記』第3章・第7節）

アダムとイブは、「禁断の果実」である「科学の書」を知り、自分たちも創造者になれることを知ったが為に、惑星政府のリーダーであるヤーウェの怒りにより、エデンの園から追放されてしまったのです。

そして、アダムとイブに真実を告げた、ルシファーたちのチーム「へび」は、他の創造者たちが実験を止めて地球を去らなければならなかったのに対して、**惑星政府から追放されて、地球で暮らすように命じられた**のです。

「光を運ぶ人」を意味するルシファーが、何故、堕天使と呼ばれたりするようになったのかは、ここに由来するのです。

ヤーウェとルシファーとサタン

エロヒムの中で、特に知っておくべき三人のエロハがいます。
ヤーウェと、ルシファーと、サタンです。

ヤーウェは、エロヒムの惑星の不死会議の議長であり、地球での生命創造の実験は、ヤーウェのリーダーシップの元に行われました。

エロヒムの惑星では、高度な科学技術により、不死の生命、永遠の生命が実現していますので、一部の人たちは、不死の特権を得ています。

不死会議の議長がヤーウェであり、**エロヒムの惑星のリーダー**なのです。

ヤーウェは、ユダヤ教の唯一神であり、イエス・キリストが「天の父」と呼んだ存在であり、イスラム教においては、アラーと呼ばれています。

ヤーウェは、イエス・キリストの実の父親でもあります。

聖霊によってマリアが身ごもったとされる、**聖母マリアの処女懐胎とは、実は、宇宙船の中で人工授精が行われたのであり、イエス・キリストの実の父親が、ヤーウェ**

なのです。

地球での生命創造の実験は、不死会議の議長であるヤーウェを中心として行われたものなのですが、エロヒムの惑星においては、これに反対する人々もいました。**反対派の代表的リーダーの名前が、サタンという名前でした。**

サタンとは、悪魔とか言われたりしますが、私たちと同じような姿・形を持った、れっきとした人間（異星人）なのです。

サタンは、実験室で創造されたものからは、何ら良いことは期待出来ないと考え、科学的に人間を創造することに反対してきた、ある政治団体のリーダーなのです。

サタンは、人間は危険だと考え、地球の全生命もろとも人間を抹殺したいと考えてきた反対派のリーダーであり、今もそう望んでいるのですが、**数千年前には一度、サタンの要求により、地球上の生命は抹殺させられたことがあるのです。**

それが、『創世記』に出てくる、**「ノアの箱舟」と大洪水**の話になります。

後でまた書きますが、実はこの時に、**ノアたちに命じて「ノアの箱舟」を造らせ、**

地球上の生命を救ったのが、ルシファーたちなのです。

ルシファーは、堕天使とか悪魔と呼ばれたりして、サタンと同じような捉え方をされる嫌いがありますが、**ルシファーとサタンとは、全く別々の存在**であり、私たち人間に対する考え方も、全く違っています。

サタンは、人間は悪で危険だと考え、人類の絶滅を希望し続けてきましたし、現に一度、サタンたち反対派の意見が優勢になり、地球の創造物は抹殺させられたことがあります。

この時に、**ノアたちを助けたのがルシファー**であり、また、アダムとイブたちを慈悲深く愛するが故に、惑星政府の指導から逸脱することを決心して、**人間に真実を告げたのもルシファー**なのです。

そのことにより、ルシファーは惑星政府から地球に追放されて、堕天使と呼ばれたりするようになるのですが、**ルシファーという言葉の意味は「光を運ぶ人」**であることを知っておくことが大切だと思います。

「ノアの箱舟」と大洪水の神話は、本当にあった実話

惑星政府から追放されたエロヒムの科学者たちは、軍隊の監視の下、地球に留まっていましたが、やがて、地上に人間が増え始めると、**最も美しい人間の娘たちを自分たちの妻にするようになりました。**

「さて、地上に人が増え始め、娘たちが生まれた。神の子らは、人の娘たちが美しいのを見て、おのおの選んだ者を妻にした。」（『創世記』第6章・第1・2節）

「当時もその後も、地上には**ネフィリム**がいた。これは、神の子らが人の娘たちのところに入って産ませた者であり、大昔の名高い英雄たちであった。」（『創世記』第6章・第4節）

エロヒムの科学者たちが、自分たちの姿に似せて創造した人間の娘たちと関係して、優秀な子供を産ませるということは、エロヒムの惑星政府から見れば、危険極まりないことでした。

その後、地球の科学がものすごく進歩したので、サタンの要求を聞き入れて、ヤー

ウェを中心とする惑星政府は、地球の創造物を抹殺することに決めました。

「主は、地上に人の悪が増し、常に悪いことばかりを心に思い計っているのを御覧になって、地上に人を造ったことを後悔し、心を傷められた。主は言われた。『私は人を創造したが、これを地上から拭い去ろう。人だけでなく、家畜も這うものも空の鳥も。わたしはこれらを造ったことを後悔する。』」（『創世記』第6章・第5〜7節）

ここで言う「悪」とは、人間が科学の進歩を望み、創造者であるエロヒムと同等の存在になりたいという欲望のことであり、いつの日か、創造者であるエロヒムの仲間入りをする危険が生じることでした。

創造者たちにとっての「善」とは、人間が原始的なまま細々と生きることでした。

こうして、**エロヒムの惑星政府は、核ミサイルを発射して、地球上の全生命を抹殺することを決心**しました。

そして、地球に追放されたルシファーたちには、恩赦により、エロヒムの惑星に戻ることを許しました。

しかし、地球の創造物が破壊されることを予め知ったルシファーたちは、ノアに命じて、ロケットを建造させました。

そして、救うべき種の雄と雌の生きた細胞を一つずつ採取してロケットの中に収容し、大災害が続いている間、地球の周囲を回らせたのです。

『創世記』では、「ノアの箱舟」は「三階建ての箱舟」として表現されていますが、実際には、**「三層式の宇宙ロケット」**でした。

「ノアの箱舟」は、宇宙船だったのです。

そして、動物のそれぞれの種の雄と雌をひと組ずつ箱舟の中に入れたと表現されているのは、実際には、**それぞれの種の雄と雌の生きた細胞を一つずつ採取して保存**し、ロケットの中に収容したのです。

雄と雌の生きた細胞が一つずつあれば、生命体全体を再生することが出来るのです。

『創世記』では、ノアの家族たちだけが箱舟に入ったように書かれていますが、実際には、それぞれの人種からもひと組ずつの男女が助け出されました。

こうして、地球に核ミサイルが発射されて大爆発が起きた時、生命は地上から何千キロも離れた上空で、宇宙船の中で保護されていたのです。

大陸は巨大な津波に襲われて海中に沈み、あらゆる生物は死に絶えました。

実は、この時の核ミサイルによる大爆発で、元々一つしか無かった原初の大陸が、今のように分かれたのです。

今ある大陸が元々一つだったことは、今の地球の科学でも理解出来るようになっているようです。

南米大陸の東岸とアフリカ大陸の西岸が、同じような形をしていることなどは分かりやすい例ですが、南米大陸とアフリカ大陸を合わせると植物分布も一致するようです。

失われたムー大陸とか、失われたアトランティス大陸という伝説があり、太古の昔に、海に沈んだという言い伝えがあります。

実際には、海に沈んだ訳ではなく、大洪水が起きた時の大爆発によって、大陸が離れて行ったのです。

ノアを始めとする少数の人間たちが宇宙船の中で保護されて、やがて再び地上に戻った時、彼らは、**大爆発により原初の大陸が、見覚えがない程破壊されていた**のを発見しました。

大洪水前にあった、ムーやアトランティスと呼ばれた国が、大爆発により大陸がバラバラに分かれて離れて行ってしまったという彼らの記憶が、子孫たちに伝えられていく過程で、長い間に少しずつ変形されていき、こうした伝説が生まれたのです。

実際には、海に沈んだのではなく、大陸が離れて行っただけなのです。

人類にとっての聖なる記念日――七月一七日

こうして、ルシファーを中心にした懸命の救助作業により、ノアを始めとする地球の生命は、宇宙船の中で保護されました。

この時、エロヒムの惑星政府は、エロヒムを創造した創造者たちが残した自動宇宙船に残されていたメッセージを知り、**彼らもまた、他の惑星からやって来た異星人により実験室で創造された**ことに気付きました。

そして、ヤーウェを中心とする惑星政府は、二度と再び、自分たちの手で人類を滅ぼすことはしないと決意し、ルシファーたちが宇宙船の中に保存した生命を、再び地球に戻すことに協力したのです。

このことは、サタンの反対を振り切って行われました。

「ノアの箱舟」という宇宙船は、「死の灰」のような危険な降下物がすっかり無くなるまで待ってから、再び地上に降り立ちました。

ルシファーたちのグループは、放射能の検査を行い、それを科学的に除去してから、大気の状態を確かめて、生命を再創造したのです。

それぞれの人種は、創造の際の元の場所に配置され、**宇宙船に保存されていた細胞から、それぞれの動物が再創造されました。**

ちなみに、何故恐竜が絶滅したのかと言うと、大洪水の後に、再生されなかったからなのです。


大洪水から一五〇日後、**「ノアの箱舟」がアララト山の山頂に止まったとされる七月一七日は、地球に再び生命が蘇ることになった、記念すべき聖なる日なのです。**

ユダヤ暦の七月一七日、**イスラエルでは「シオン祭」で巡行の祭り**が行われ、古代ユダヤの聖なる記念日を盛大に祝っていました。

「イスラエルの失われた十支族」がたどり着いたと言われている日本においても、グレゴリオ暦の七月一七日、**京都の祇園祭で山鉾巡行**が行われ、この古代ユダヤの聖なる日を盛大に祝っていることには、とても深い訳があります。

さらには、失われた古代ユダヤの秘宝「契約の箱」が隠されているとも言われる、**四国の剣山においても、七月一七日に剣山神社本宮大祭**が開かれ、お神輿を剣山山頂まで運ぶ儀式が執り行われていることには、深い意味が隠されています。

私たち人類が、今こうして生きていられるのは、**ルシファーたちのグループと、ノアを始め助け出された人間たちとの協力によるもの**なのです。

「光を運ぶ人」を意味するルシファーの存在なくして、今の地球はありません。

有史以来数千年の人類の歴史は、大洪水後に、「ノアの箱舟」が地上に降り立ち、再び地球に生命が蘇ってから始まったものなのです。

祝福と契約

ヤーウェは、エロヒムを創造した世界からやって来た自動宇宙船に残されていたメッセージにより、**もしも人間が暴力的であれば、将来、惑星間文明に到達することを可能にするエネルギーを発見した時に、自己破滅するであろう**ことを理解しました。

そして、二度と再び、自分たちの手で、地球の創造物を破壊することはしないと決意するとともに、**人類の進歩を人類自らの手に委ねることにした**のです。

人間が進歩を望むのは、当然のことだと理解していたからです。

「ノアの箱舟」が地上に降り立ち、地上に戻ってから、ノアはヤーウェの為に祭壇を築き、捧げ物をしました。

その時、ヤーウェは言いました。

「主は宥《なだ》めの香りをかいで、御心に言われた。

『人に対して大地を呪うことは二度とすまい。人が心に思うことは、幼いときから悪いのだ。わたしは、この度したように生き物をことごとく打つことは、二度とすま

い。』」（『創世記』第8章・第21節）

ヤーウェは、ノアと彼の息子たちを**祝福**して、言いました。

「産めよ、増えよ、地に満ちよ。地のすべての獣と空のすべての鳥は、地を這うすべてのものと海のすべての魚と共に、あなたたちの前に恐れおののき、あなたたちの手にゆだねられる。」（『創世記』第9章・第1・2節）

そして、ヤーウェは、ノアと彼の息子たちと、**契約**を立てたのです。

「神はノアと彼の息子たちに言われた。

『わたしは、あなたたちと、そして後に続く子孫と、契約を立てる。あなたたちと共にいるすべての生き物、またあなたたちと共にいる鳥や家畜や地のすべての獣など、箱舟から出たすべてのもののみならず、地のすべての獣と契約を立てる。**わたしがあなたたちと契約を立てたならば、二度と洪水によって肉なるものがことごとく滅ぼされることはなく、洪水が起こって地を滅ぼすことも決してない。**』」（『創世記』第9章・第8～11節）

古代の預言者たちとは

こうして、ヤーウェを中心とするエロヒムの惑星政府は、地球での人類の歩みは、人類自らの手に委ねることにしたのですが、時代に応じてメッセンジャーたちを遣わし、私たち人類を導いてきました。

モーゼ、仏陀、イエス・キリスト、マホメットなどは、エロヒムから遣わされた、偉大なメッセンジャーだったのです。

私たち人類が、真実が啓示される時代、アポカリプス（黙示録）の時代を迎えて、全てを科学の力で理解出来るようになり、人類の黄金時代を迎えられるようになる時まで、導いてきてくれたのです。

科学の偉大な秘密によって、私たち人間を始めとする地球の全生命が創造されたこと、私たち人類も科学の力により、創造者であるエロヒムの仲間入りが出来るということが理解出来るまで、私たち人類には、宗教という言わば「松葉杖」が必要でした。

世界三大宗教と言われる、キリスト教・イスラム教・仏教の開祖である、**イエス・**

キリスト、マホメット、仏陀たちは、人類の黄金時代が到来するまでは、宗教という「松葉杖」を必要とする人類の為に、エロヒムが遣わした、偉大なメッセンジャーだったのです。

彼らは、人類を導く為の偉大なメッセンジャーとしての使命を遂行する為に必要な、様々な手ほどきをエロヒムから受けてから、布教活動を開始しています。

そして、そのトレーニングを、エロヒムの惑星、不死の惑星で受けた者もいます。

仏陀や、イエス・キリストがそうです。

仏陀が言う「極楽浄土」とは、イエス・キリストが言う「天の王国」のことであり、何れも、エロヒムの惑星である、不死の惑星のことを指して言っています。

仏陀の「極楽浄土」とか、イエス・キリストの「天の王国」というのは、抽象的な概念などではなく、実際に彼らが連れて行かれて奥義を伝授された、エロヒムの不死の惑星のことなのです。

それでは、エロヒムの不死の惑星とは、どのような所なのでしょうか?

不死の惑星――仏陀の「極楽浄土」、キリストの「天の国」

エロヒムは、**今の地球よりも二五〇〇〇年も進んだ科学**を持っており、非常に高度な文明を持っています。

今の地球の科学では、光速よりも速いものは存在しないと考えられていますが、エロヒムは、**光速よりも遥かに速く宇宙空間を移動出来る科学**を持っています。

仏陀やイエス・キリストは、かつて、エロヒムの不死の惑星に連れて行かれて、様々なトレーニングを受けてから、人類を導く為の偉大なメッセンジャーとしての活動を開始しています。

仏陀は、菩提樹の下で四九日間瞑想をして「悟り」を開いたと言われていますが、実は、その間、エロヒムの惑星に連れて行かれて、様々な奥義を伝授されています。

仏陀が得た「悟り」とは、実は、エロヒムの惑星で伝授された奥義だったのです。

そして、イエス・キリストがパプテスマのヨハネから洗礼を受けた時、天が開けて「神の霊」が下りて来て、「神の霊」に導かれて四十日間荒野をさまよい、サタンに試されたと言われています。

「神の霊」と表現されているのは、エロヒムの宇宙船のことであり、実はこの時、**イエス・キリストはエロヒムの惑星に連れて行かれて、彼の言葉で言う「天国の奥義」を伝授されて**から、サタンに誘惑され、試みを受けています。

イエス・キリストがサタンに誘惑されて試された話は有名ですが、仏陀もまた、「悟り」を開く時、悪魔マーラから誘惑されて試みを受けたとされています。

仏陀もキリストも、エロヒムの惑星で奥義を伝授される時、サタンから誘惑されて、メッセンジャーとしての資質を試されていたのです。

仏陀もキリストも、エロヒムが人類に遣わした偉大なメッセンジャーであり、エロヒムの惑星で奥義を伝授され、サタンのテストを受けてから、本格的な活動を開始しています。

その時に連れてこられた、**エロヒムの不死の惑星のことを、仏陀は「極楽浄土」と呼び、イエス・キリストは「天の王国」と呼んだ**のですが、エロヒムの不死の惑星とは、まさに「極楽浄土」であり、「天の王国」と呼ぶにふさわしいものです。

エロヒムの惑星では、**高度な科学によって、まさに楽園のような世界が実現**しています。


貨幣というものが存在していない為、人々は、お金（マネー）を得る為に労働するという必要がありません。

一人につき平均一〇台もの**生物ロボット**を持っていますので、ほとんどのことは生物ロボットがやってくれます。

全ての人に、必要なものは全て与えられており、貨幣というものが存在しないので、人々は、お金（マネー）を得る為に何かをしなければいけないということはなく、完全に、自分のしたいことだけをすることが出来ます。

人々がするのは知的な労働のみであり、本人がそれを望むからなのです。

芸術でもスポーツでも何でも、自分の好きなことだけをすることが出来、**自分を開花させることに専念することが出来るの**です。

そして、子供たちは成年に達した時に一度だけ、寿命を七五〇歳以上に延ばす為の、ちょっとした外科手術を受け、ほとんど若いままで、**七五〇歳から一二〇〇歳位**まで生きられるようになります。

『創世記』の初期の頃の人間の指導者には、アダムが九三〇歳、セトが九一二歳、エノシュが九〇五歳というように、非常に長寿な者がいますが、これは聖書で言うところの**「命の木」**、即ち、エロヒムの科学の恩恵により、長寿を授けられていたのです。

ノアは五〇〇歳になった時に、三人の子をもうけたと書かれており、九五〇歳になって死んだと書かれていますが、ほとんど若いままで何百年も生きることが出来るのです。

つまり、エロヒムの惑星では、人々は皆、**若いままの肉体を維持して何百年も生きることが出来**、その間、お金（マネー）を得る為に何かをしなければいけないということも一切無く、自分のやりたいことだけをやって、**自己を開花させることに専念して生きることが出来る**のです。

警察も無ければ刑務所も無く、誰もが**平和で自由で豊か**に、喜びに満ちた人生を満喫することが出来る、まさに楽園のような世界なのです。

そして、**科学の力により、永遠の生命も可能**になっていますので、不死の資格があると認定されれば、不死の生命、永遠の生命を得ることが出来ます。

体の一部の細胞を採取して保存しておけば、その時と同じ肉体全体を再生することが可能なのです。

脳と肉体の働きが最高の状態の時に、体の一部の細胞を採取して保存しておき、肉体が滅んだ時、保存しておいた細胞から生命体全体を再生し、記憶など生前の脳の情報を転送することで、生命を再び蘇らせることが可能になります。

肉体が滅ぶ度にこれを繰り返すことで生命は引き継がれ、永遠の生命が可能になるのです。

不死の生命、永遠の生命とは、一般的な概念とは相容れないかも知れませんが、実際には、科学的なことなのです。

エロヒムの惑星では、科学者や芸術家など、人々に対して多大な貢献をした人たちの中で、**不死の資格ありと認定された人たちには、不死の特権が与えられ、永遠の生命が与えられます。**

不死の人々によって構成されている、不死会議の議長がヤーウェなのであり、エロヒムの惑星のリーダーなのです。

仏陀もイエス・キリストも、エロヒムの不死の惑星に連れて行かれて、奥義を伝授された時、この**不死の秘密**も教えられており、地球に戻ってからメッセンジャーとしての使命を終えて死んだ後は、**この不死の惑星で再生されて、永遠の生命を与えられることを約束されたの**です。

仏陀には、**「私はアムリタ（不死）を得た」**という言葉があるようですし、キリストも、十字架に架けられて亡くなった後に、すぐに再生されて三日後に**復活**することを知っていました。

そして、終末の時には**再臨**することを告げています。

仏陀もイエス・キリストも、地上でのメッセンジャーとしての使命を果たして肉体

が滅んだ後は、エロヒムの不死の惑星で再生されて、不死、永遠の生命を得ています。

仏陀もイエス・キリストも、地上での役割を終えて亡くなった後、エロヒムの不死の惑星で今日まで生き続けており、近い将来、**私たち人類が黄金時代の扉を開いた時には、ヤーウェたちと共に、宇宙船に乗って地球にやって来る**のです。

聖書では、宇宙船は**「雲」**とか、**「主の栄光」**、**「神の霊」**などと表現されていますが、何千年も前の原始時代の人々には、そのようにしか表現することは出来なかったのです。

今、真実が啓示される時代、アポカリプス（黙示録）の時代を迎え、科学の力で全てが理解可能になった現代の私たちには、そのことが理解出来るのです。

モーゼと選民たちが交わしたエロヒムとの契約

モーゼも、エロヒムから遣わされた、**偉大なメッセンジャー**の一人です。

モーゼの使命・役割は、「エロヒムの選民」であるイスラエル人を自由にし、彼らに国を与えて、尊厳を取り戻させることにありました。

知性の最も優れた民であるイスラエルの国の人々は、ものすごい進歩を遂げていたのですが、モーゼが誕生した当時は、原始的な状態に戻ってしまっていました。

これには、経緯があります。

ある時期、人間とエロヒムとの関係は、あまり良くない状態が続きました。

エロヒムの惑星に遠征を企てた、**「バベルの塔」**と呼ばれた巨大な宇宙ロケットが破壊され、イスラエル人は、大陸のあちこちに散り散りにされました。

そして、そのことで復讐を企てる人間たちが集結し、科学の秘密を取り戻すことに成功した**「ソドムとゴモラ」**の町が、原爆で破壊されたのです。

こうして、知性の優れた人々がほとんど死んでしまい、イスラエルの民は、半未開のような状態になり、創造者であるエロヒムのことすらほとんど忘れて、偶像崇拝すら行うようになっていました。

ユダヤ民族は「神の選民」であるという、いわゆる「選民思想」をユダヤ人は持っていると言われていますが、これにはそれなりの理由があります。

古代のユダヤ民族というのは、エロヒムと人間の女性たちとの間に生まれた、**エロヒムの直系の子孫**なのです。

エロヒムの実験場は何箇所か有り、それぞれの実験場からそれぞれの人種が創造されました。

その中でも、古代イスラエルの地にあった実験場で創造された人間たちが、最も優秀であり、完成度の高い創造物でした。

「彼らは皆、わたしの名によって呼ばれる者。
わたしの栄光のために創造し
形づくり、完成した者。」（『イザヤ書』第43章・第7節）

エロヒムの人間創造の技術の高さを示すのがイスラエル人であり、**イスラエル人は**

す。

「完成した者」だったのです。

イスラエル人を創造したことが、**エロヒムにとって栄光に値する**ということなのです。

「後の世代のためにこのことは書き記されねばならない。

『主を賛美するために民は創造された。』」（『詩篇』第１０２章・第19節）

ここでの「民」とは、もちろんイスラエル人のことであり、**最も優れた創造物として、エロヒムから選り分けられた人種**だったのです。

イスラエル人が優れて素晴らしい創造物だったので、エロヒムはイスラエル人の美しい女性と交わったのであり、イスラエル人というのは、エロヒムの血を分けた、**エロヒムの直系の子孫**なのです。

この為に、古代ユダヤ人というのは、「神の長子」、「神の子」、「神の生き証人」、「神の選民」とも呼ばれるようになりました。

現在まで続いている、ユダヤ人の「選民思想」には、このような背景があります。

また、ユダヤ人には優秀な人が多いと言われたりしますが、このような背景があるからなのであり、元々古代のユダヤ人というのは、**エロヒムの直系子孫**であり、**「エロヒムの選民」**だったのです。

エロヒムの直系子孫であり、「エロヒムの選民」であるイスラエル人は、知性の最も優れた人々でしたが、その最も輝かしい人才を失い、近隣の野蛮な人々の奴隷になってしまっていたので、**選民に自分たちの国を与え、尊厳を取り戻させることが、モーゼに与えられた使命・役割だったのです。**

モーゼは、エジプトに生まれたイスラエル人でしたが、イスラエル人の男児は殺すようにという、エジプトのファラオの命令から逃れる為、赤ちゃんの時に、かごに入れられてナイル川に流されてしまいます。

ところが、偶然水浴びをしていたファラオの娘に拾われて、宮殿で育てられるようになったのですが、成人に達したある日、同胞のイスラエル人がエジプト人に虐待されているのを見て、エジプト人を殺してしまいます。

そして、ファラオに命を狙われたモーゼは、アラビア半島に逃げて、羊飼いの女性と結婚して羊飼いとしてひっそりと暮らしていましたが、ある時、**モーゼに転機が訪れます。**

この時の様子は、『出エジプト記』の中に**「モーゼの召命」**として描かれており、神の山ホレブで、燃える柴の中から神に語りかけられたと表現されていますが、要するに、**エロヒムの宇宙船の中からヤーウェに語りかけられた**のです。

ライトを見たことがない、何千年も前の人たちには、宇宙船が照射するライトを浴びた柴のことは、「柴は火に燃えているのに、柴は燃え尽きない」という表現しか出来なかったのです。

この時、モーゼは、選民であるイスラエル人を、エジプトから連れ出すようにという使命を、ヤーウェから与えられたのです。

モーゼがイスラエル人をエジプトから連れ出し、イスラエルの民に国を取り戻させる為に、**ヤーウェたちエロヒムは、モーゼを全面的にサポート**しています。

例えば、『出エジプト記』に書かれている**「葦の海の奇跡」**もその一つです。モーゼが紅海に向かって手を差し伸べると、**海が二つに割れて陸地が現れ**、モーゼたちは海を渡ることが出来、エジプト軍の追撃を逃れることが出来ました。

これは、エロヒムが**宇宙船から斥力光線で水を分け**、モーゼたちが進むのを助けていたのです。

昼となく夜となくモーゼたちを導いて行った、**エロヒムの宇宙船は、「火の柱、雲の柱」**として表現されています。

「主は彼らに先立って進み、昼は**雲の柱**をもって導き、夜は**火の柱**をもって彼らを照らされたので、彼らは昼も夜も行進することができた。昼は**雲の柱**が、夜は**火の柱**が、民の先頭を離れることはなかった。」（『出エジプト記』第13章・第21・22節）

ヤーウェは、シナイ山の山頂にて、モーゼに「十戒」を授けると共に、イスラエルの民と契約を締結しました。

モーゼが、**「十戒が書かれた石板」**を受け取る為にシナイ山の山頂へ登って行った時、**モーゼもやはり、エロヒムの不死の惑星に連れて行かれたようです。**

「モーセが山に登って行くと、雲は山を覆った。主の栄光がシナイ山の上にとどまり、雲は六日の間、山を覆っていた。七日目に、主は雲の中からモーセに呼びかけられた。主の栄光はイスラエルの人々の目には、山の頂で燃える火のように見えた。モーセは雲の中に入って行き、山に登った。モーセは四十日四十夜山にいた。」(『出エジプト記』第24章・第15～18節)

モーゼはこの時、エロヒムの宇宙船の中で六日間教えを受け、それから**エロヒムの不死の惑星に連れて行かれて四十日間滞在した**ようです。

この後、モーゼはエロヒムからの指示に従って、人間の代表者がエロヒムと会う為の**「会見の幕屋」**を建設し、その中に祭壇を造りました。

モーゼが建設した「会見の幕屋」が、後に、ソロモン王が建設したエルサレム神殿の原型となり、日本の神社のルーツにもなっています。

そして、モーゼはエロヒムからの指示に従って、**「契約の箱」**を作り、ヤーウェから授かった**「十戒が書かれた石板」**を「契約の箱」の中に収め、「契約の箱」は「会見の幕屋」の中に安置されました。

「契約の箱」は古代ユダヤの秘宝であり、日本のお神輿のモデルにもなっています。

古代ユダヤの秘宝である「契約の箱」は、お神輿のように担がれて、モーゼたちと共に旅をしたのでしょう。


あいにくモーゼは、約束の地を目前にして、一二〇歳で亡くなりましたが、後継者のヨシュアが後を継ぎ、選民たちは、約束の地カナンを得ることが出来ました。

ヨシュアたちがヨルダン川を渡る時、「契約の箱」を担いだ祭司たちの足が増水していたヨルダン川に入ると、**川が上流で壁のようにせき止められて、**干上がった川床を、全員無事に渡り終えることが出来たと、『ヨシュア記』に書かれています。

これは、モーゼの「葦の海の奇跡」と同様、**斥力光線を放って川をせき止めていた**ので、実際には、科学的なことなのです。


モーゼは、一二〇歳で亡くなった後に、**エロヒムの不死の惑星で再生されて、不死の生命、永遠の生命を与えられ、現在まで生きています。**

そして、私たち人類が黄金時代の扉を開いた時、**ヤーウェらと共に宇宙船に乗って、**
地球にやって来るのです。

イエス・キリストの使命

聖書は、エロヒムという「天空から飛来した人々」によって、地球の全生命が創造され、そして、私たち人類が誕生して歩んできた道程を記したものなので、**聖書とは、世界最古の「無神論」の書**なのです。

「天空から飛来した人々」によって生命が創造された、**エロヒムによる地球プロジェクトの記録**とでも言うべきものなのです。

何千年も前の、科学を知らない人たちの手で書かれていることもあり、かなり詩的で歪められた表現もありますが、そこには、**真実の痕跡**が残されています。

そして、人類がアポカリプス（黙示録）の時代、真実が啓示される時代を迎えて、全てを科学的に理解出来る時代が到来した時、聖書に書かれた**真実の痕跡**が必要となります。

イエス・キリストの使命は、太古からの神秘が、科学の進歩によって解明される時代の到来に備えて、聖書の記述が真実の証拠として役立つよう、聖書に書かれた真実

を、地上全体に広めることでした。

イスラエル人は真実を知っていたのですが、彼らが持つ「選民思想」により、他の民族には秘密にして広めようとしなかったので、イスラエルの民しか知らなかった真実を、世界中に広めることが、イエス・キリストの役割だったのです。

イエス・キリストは、「メシア」と言われていますが、**「メシア」という言葉は本来、「エロヒムにより選ばれた者」**という意味になります。

アポカリプス（黙示録）の時代、真実が啓示される時代の到来に備えて、**聖書に書かれた真実を世界中に広めるという役割を担って、エロヒムから選ばれた偉大なメッセンジャーが、イエス・キリストだったのです。**

イエス・キリストは、聖母マリアが聖霊によって身ごもり、処女懐胎したと言われていますが、実際には、**宇宙船の中で人工授精**が行われたのであり、**イエス・キリストの実の父親が、ヤーウェ**なのです。

聖母マリアは、宇宙船の中での記憶を消されてから、地上に戻されています。

聖母マリアに受胎告知した、エロハの名前が、大天使ガブリエルになります。

イエス・キリストは、大工の子として、普通に働いていたようですが、ある時、**イエスに転機が訪れます。**

イエスが洗礼者ヨハネから、ヨルダン川で洗礼（パプテスマ）を受けた時のことです。

「イエスは洗礼《パプテスマ》を受けると、すぐ水の中から上がられた。そのとき、天がイエスに向かって開いた。イエスは、神の霊が鳩のように御自分の上に降って来るのを御覧になった。そのとき、『これはわたしの愛する子、わたしの心に適う者』という声が、天から聞こえた。」（『マタイによる福音書』第3章・第16・17節）

「神の霊」とは、もちろん、エロヒムの宇宙船のことです。

この後イエスは、「神の霊」に導かれて、四十日四十夜、荒野をさまよい、悪魔（サタン）に誘惑されて、試みを受けたとされています。

実はこの時、**エロヒムの不死の惑星に連れて行かれて、様々な奥義を伝授され、サタンの試みを受けた**のです。

イエス・キリストは、彼が「天の父」と呼んだ、実の父親であるヤーウェに引き会わされ、自分の素性を教えられると共に、自分の使命を知らされ、様々な科学技術の手ほどきを受けました。

イエス・キリストが「天の父」と呼んだのは、抽象的な概念などではなく、エロヒムの不死の惑星にいる、彼の実の父親であるヤーウェのことだったのです。

イエスは、テレパシーによる集団催眠を用いて説得力のある話し方をする方法など、自分の使命を遂行していく為に必要な、様々な科学技術を、エロヒムの不死の惑星で伝授されました。

イエスが言う「**天の王国**」とは、エロヒムの不死の惑星のことであり、仏陀が言う「**極楽浄土**」も同じことを言っています。

奥義を伝授された時、イエスはサタンのテストを受けています。

イエスの知性が確かなものかどうか、イエスがエロヒムを敬愛しているかどうかを試されて、イエスが信頼出来ると分かったので、彼に使命の遂行が委ねられたのです。

イエス・キリストが使命を遂行する為に、**ヤーウェたちエロヒムは、全面的なサポート**をしています。

より多くの人々がイエスの元に参加するように、イエスは様々な奇跡を行ったのですが、**イエス・キリストが行ったとされる様々な奇跡とは、実際には、エロヒムの科学技術を応用したもの**なのです。

イエスが病人を治療した時、イエスはエロヒムの助けを借りて、離れた宇宙船から強力な光線をあてることによって、治療しました。

また、イエスが水の上を歩いた時、実際には、エロヒムの宇宙船から**反重力光線**を出して重力を打ち消し、イエスを支えていたのです。

イエスは、エロヒムの不死の惑星で、**不死の秘密**について教えられ、十字架に架けられて死後すぐに再生され三日後に**復活**すること、そして、**不死の生命、永遠の生命を与えられて不死の惑星で生き続け、人類が黄金時代を迎えた時には、ヤーウェたちと共に地球に再臨する**ことを告げられていました。

モーゼが死後に再生されて生きていることは前記しましたが、旧約聖書を代表する預言者とされるエリヤも、不死の生命を与えられて生きています。**モーゼとエリヤが、イエスと語り合っている様子**が、『ルカによる福音書』の中に書かれています。

「イエスは、ペトロ、ヨハネ、およびヤコブを連れて、祈るために山に登られた。祈っておられるうちに、イエスの顔の様子が変わり、服は真っ白に輝いた。見ると、二人の人がイエスと語り合っていた。**モーセとエリヤである。二人は栄光に包まれて現れ、イエスがエルサレムで遂げようとしておられる最期について話していた。**・・・・・**雲**が現れて彼らを覆った。彼らが**雲**の中に包まれていくので、弟子たちは恐れた。すると、『これはわたしの子、選ばれた者。これに聞け』という声が**雲**の中から聞こえた。その声がしたとき、そこにはイエスだけがおられた。弟子たちは沈黙を守り、見たことを当時だれにも話さなかった。」（『ルカによる福音書』第9章・第28～36節）

エロヒムの不死の惑星で再生されて永遠の生命を得ていた**モーゼとエリヤが、エロヒムの宇宙船でイエスの元にやって来て、イエスの最期についての計画を、事前に打**

ち合わせしていたのです。

イエス・キリストの使命は、太古の神秘が科学の進歩によって解明される時代の到来に備えて、聖書に書かれた真実を、地上全体に広めることでしたが、**イエス・キリストが使命を全うする為には、十字架に架けられて死亡し、三日後に復活することが必要でした。**

これは、**エロヒムの計画**によるものなのです。

イエス・キリストの復活、そして再臨

イエス・キリストは、エロヒムの計画により、十字架に架けられて死亡し、三日後に復活しました。

イエスの使命を全うする為には、このことが必要であり、イエスも承知していました。

イエスの使命は、真実が啓示される時代、アポカリプス（黙示録）の時代の到来に備えて、聖書に記述された真実を、世界中に広めることでした。

そして、科学的に全てが理解可能となる時代が到来し、**私たち人類が黄金時代の扉を開いた時には、イエス・キリストは、ヤーウェたちと共に、宇宙船に乗って地球にやって来る**のです。

イエスが告げた、**イエス・キリストの再臨**とは、このことなのです。

「あなたたちは、人の子が全能の神の右に座り、天の雲に囲まれて来るのを見る。」

（『マルコによる福音書』第14章・第62節）

エロヒムが地球に戻って来た時、彼らが侵略者や略奪者と見なされないように真実を広めておく為には、イエス・キリストが十字架に架けられて死んでから三日後に**復活**し、さらに、終末の時に**再臨**することを告げて、聖書と福音書が役立つようにしておく必要がありました。

エロヒムの行為と存在の痕跡を保存し、彼らが地球にやって来た時に、そのことが分かるようにしておく為には、このことが必要だったのです。

イエスが十字架に架けられて亡くなり、死後三日後に**復活**することは、イエスも事前に知らされていた**エロヒムの計画**であり、全ては、私たち人類が黄金時代の扉を開いた時に、**ヤーウェを中心とするエロヒムの帰還とイエスの再臨が実現する**時の為のものなのです。

仏陀が菩提樹の下で開いた「悟り」とは

仏陀も、エロヒムが人類を導く為に遣わした、偉大なメッセンジャーの一人です。

仏陀は王族に生まれ、何不自由無く暮らしていましたが、二九歳の時に出家して、数年間厳しい修行を続けた後、ブッダガヤにある菩提樹の下で四九日間瞑想して「悟り」を開いたと言われています。

実は、菩提樹の下で四九日間瞑想して「悟り」を開いたと言われている期間、仏陀もまた、エロヒムの不死の惑星に連れて行かれて、奥義を伝授されていました。

菩提樹とはイチジクの木のことで、元々「神々が集まる場所」とか「不死の秘密を観察する場所」という意味があるようです。

仏陀は、「神々が集まる場所」である、エロヒムの不死の惑星に宇宙船で連れて行かれて、四九日間、エロヒムから地球の真実を教わり、エロヒムのメッセンジャーとしての使命を遂行する為の奥義を伝授されました。

仏陀が菩提樹の下で開いた「悟り」とは、実は、このことだったのです。

四九日間瞑想して、「悟り」を開いた訳ではありません。

元々、仏陀の「悟り」を表した最も古い表現として仏典に残っているのが、**「私はアムリタ（不死）を得た・・・」**という言葉だそうです。

アムリタとは、サンスクリット語で「不死の飲み物」という意味になります。

仏陀は、エロヒムの不死の惑星に連れて行かれた時、**不死の秘密**を伝授されると共に、地球での使命を終えて亡くなった後、**エロヒムの不死の惑星で再生されて、不死の生命、永遠の生命を与えられることを約束された**のです。

仏教には、「涅槃《ねはん》」という言葉があり、究極的目標である永遠の平和、最高の喜び、安楽の世界を意味する、「悟り」の最高の境地ともされています。

「涅槃《ねはん》」とは、抽象的な概念のように聞こえますが、実際には、**仏陀が言う「涅槃《ねはん》」とは、エロヒムの不死の惑星のこと**を言っているようです。

仏陀は、「涅槃《ねはん》」のことを、「この世で見ることが出来」、「明白で」、「現実的で」、「現世の事柄である」と教えており、**ヨガ行者の中で自分だけが「涅槃《ねはん》」を見て、そ**

れを所有していることを強調していたようです。

また、西方十万億土彼方にある**「極楽浄土」**というのも、抽象的な概念などではなく、仏陀が見たエロヒムの不死の惑星の楽園のような世界のことを表現しています。

仏陀が「悟り」を開く時、悪魔マーラにより誘惑を受けたとされていますが、これは、**サタンに試みを受けた**のです。

イエス・キリストがエロヒムの不死の惑星で奥義を伝授された時、サタンに試されたように、仏陀もまた、エロヒムの不死の惑星で奥義を伝授される時、エロヒムのメッセンジャーとしての資質をサタンに試されました。

仏陀は死後、エロヒムの不死の惑星で再生されて、不死の生命、永遠の生命を得て今も生き続けており、私たち人類が黄金時代の扉を開いた時、ヤーウェたちエロヒムと共に宇宙船に乗ってやって来るのです。

仏教では、宇宙船は、**「輪宝」**、**「天蓋」**として表現されています。

マホメットとイスラム教

イスラム教の開祖であるマホメットも、エロヒムから遣わされたメッセンジャーの一人です。

マホメットは、ユダヤ教とキリスト教の流れを受け継いで、エロヒムから派遣されたメッセンジャーでした。

ユダヤ教徒は、旧約聖書に書かれた真実を知っていたのですが、彼らが持つ「選民思想」により、他の民族には秘密にして広めようとはしなかったので、聖書に書かれた真実を地上全体に広める役割を担って、イエス・キリストが派遣されました。

確かに、聖書は世界中に広まっていったのですが、キリスト教徒たちは、**エロヒムから遣わされたメッセンジャーにしか過ぎないイエス・キリストを、神として崇めるという間違い**を犯してしまいました。

この為、**ユダヤ教徒とキリスト教徒の過ちを指摘する役割を担ったメッセンジャー**として、エロヒムから派遣されたのが、マホメットだったのです。

マホメットは、イエスも自分も、使徒にしか過ぎないと言っています。

「マリアの子メシアは、ただの使徒に過ぎない。彼より以前にも多くの使徒が出た。」（『コーラン』5．75）

「マホメットはただの使徒にすぎない。彼より以前にもたくさんの使徒が過ぎ去っていった。」（『コーラン』3．144）

マホメットは、メッカの町に生まれた商人でしたが、四〇歳頃、彼の人生に**転機が訪れます。**

マホメットは、メッカ郊外のヒラー山の洞窟で、しばしば瞑想を行うようになるのですが、ある時、瞑想中に突然、**大天使ガブリエルが現れて、神から託された第一の啓示を与えられました。**

後にコーランの一節にもなる、「**創造主であるお前の主の名において。主は、一滴の凝血から人間を創造した。・・・**」を読むように言われたのです。

マホメットは、これが真実の啓示だとは分からず、悪神にとり憑かれたのだと思い、恐ろしくなって家に逃げ帰りましたが、冷静な妻のハディージャに励まされて、これが真の神からの啓示であると信じるようになります。

その後も次々と啓示が下されるようになり、マホメットの妻のハディージャが最初の信者になりました。

預言者としての自覚に目覚めたマホメットは、彼が受け取った啓示を、近親者に説くようになり、これがイスラム教になりました。

マホメット自身は、ほとんど読み書きの出来ない文盲であった為、彼に下された啓示は口伝で伝承され、後にイスラム教の聖典コーランとしてまとめられたようです。

イスラム教における唯一絶対神**アラー**とは、エロハという言葉から来ており、ユダヤ教における唯一絶対神ヤーウェのことなのです。

これは、当時の人たちが、ヤーウェを崇拝するあまり本当の名前で呼ぶのは畏れ多いと考えて、エロハと呼んでいたことに由来します。

イスラム教における唯一神**アラー**とは、ユダヤ教における唯一神**ヤーウェ**のことであり、イエス・キリストが**「天の父」**と呼んだ、イエスの実の父親である、**エロヒム**

の惑星の不死会議の議長ヤーウェのことなのです。

マホメットの前に突然現れて、啓示を与えた大天使ガブリエルとは、聖母マリアに受胎告知をした、ガブリエルという名のエロハになります。

マホメットの前に最初に現れた時、大天使ガブリエルは、一気に空を飛んで来て、空中に浮かんでいたようです。

空間を移動する為の**ジェット噴射装置**のようなものを背中に付けたエロヒムの姿は、聖書などにおける、**背中に羽が生えた天使**というイメージの元になっています。

マホメットは、預言者としての活動を開始するようになってから、ある時、**エロヒムの不死の惑星に連れて行かれた可能性**があります。

ある夜更けに、マホメットの元に大天使ガブリエルが突然現れ、彼を白馬に乗せてエルサレムまで飛んで行き、その後、稲妻のような速さで七つの天界を旅したそうです。

そして、それぞれの天界でモーゼやイエス・キリストなどの預言者たちと挨拶を交わし、七番目の天界で、イスラム教の唯一神アラーに会ったという伝説があります。
この体験の後、マホメットは一日に五回の礼拝を命じるようになり、「深く信じる人」と呼ばれるようになったようです。

マホメットも、死後にエロヒムの不死の惑星で再生され、不死の生命、永遠の生命を与えられて今も生きており、私たち人類が黄金時代の扉を開いた時には、**ヤーウェを中心とするエロヒムの宇宙船に乗って、地球にやって来るのです。**

エロヒムの不死の惑星での再生――永遠の生命

モーゼ、仏陀、イエス・キリスト、マホメットなど、今までに**約四十人のメッセンジャーたち**が、人類を導く為にエロヒムから遣わされたそうです。

それらの人たちは皆、**死後にエロヒムの不死の惑星で再生**され、不死の生命、永遠の生命を与えられて、今も生き続けていきます。

そして、私たち人類が黄金時代の扉を開いた時には、**ヤーウェを中心とするエロヒムの宇宙船に乗って、地球にやって来るのです。**

また、人類史において、様々な偉業を成し遂げたり、人々に多大な貢献をした人々も、**約八四〇〇人、エロヒムの不死の惑星で死後に再生**されて、不死の生命、永遠の生命を得ています。

そして、私たち一人ひとりも、地球に貢献したことが認められれば、**エロヒムの不死の惑星で死後に再生されて、不死の生命、永遠の生命を得ることが可能**なのです。

人類の黄金時代の扉を開く鍵

私たち人類の創造者であるエロヒムは、もし私たち人類が望めば、地球を公式に訪問したいと望んでおり、エロヒムを迎える為の大使館の建設を希望しています。

しかしあくまでも、**私たち人類がエロヒムの存在を歓迎した場合にのみ**帰還したいと言っていますので、エロヒムを迎える為の公式な大使館を建設して、彼らを招待する意志表示をすることが必要になります。

大使館は、古代の聖典に予言されていた、**「第三神殿」**となることでしょう。

そこは、治外法権が与えられ、中立の空域が保証された中立の土地に建設される必要があります。

エロヒムを迎える為の大使館を建設して、彼らを歓迎する意志表示をした時に、**エロヒムは宇宙船に乗って、公式に地球を訪問する**ことになるでしょう。

そして、エロヒムの惑星の不死会議の議長であるヤーウェに率いられて、モーゼ、仏陀、イエス・キリスト、マホメットなど、古代の預言者たちも、地球にやって来ることになります。

イエス・キリストの再臨とは、このことなのです。

人類を救済する為に、イエス・キリストが再臨して来る訳ではありません。真実が啓示される時代、アポカリプス（黙示録）の時代を迎えて、私たち人類が科学の力で全てを理解出来るようになり、科学の偉大な秘密によって、私たち人類もまた創造者と同等になれるのだということを自覚した時、イエス・キリストは再臨するのです。

イエス・キリストが再臨して人類が救済される訳ではなく、**私たち人類が、人間に秘められた可能性に目覚め、科学の力で自分たちも創造者になれるのだと自覚出来た時初めて、イエス・キリストは再臨するのです。**

エロヒムを迎える為の大使館が建設され、彼らが公式に地球を訪問するようになってから、エロヒムは、彼らが持つ科学的知識を、遺産として私たち人類に伝授したいと言っています。

人類の親であるエロヒムは、今の地球の科学よりも二五〇〇〇年も進んだ高度な科学を、子供である私たち人類に、遺産として伝授することを希望しているのです。

イエス・キリストが言う「**天の国の秘密**」とは、このことだったのです。

「あなたがたには天の国の秘密を悟ることが許されている・・・」(『マタイによる福音書』第13章・第11節)

今の地球の科学よりも**二五〇〇〇年も進んだ科学を遺産として伝授される**ことになれば、地球上の全ての問題を解決することが可能になるでしょう。

その時、私たち人類は、科学の持つ力により、地上の楽園を実現させることが出来るようになります。

キリスト教の世界で言われる「**至福千年王国**」とは、このことなのです。

私たちが待ちに待った、全人類の春を迎え、私たち人類は、真の黄金時代を迎えることになるのです。

人類の黄金時代の扉を開く鍵は、私たち人類の手の中にあります。

科学的知識によって真実を理解し、人間に秘められた可能性に目覚め、自分たちも創造者になれるのだということを自覚して、**私たちの創造者であるエロヒムを迎える為の大使館を建設すること**なのです。

エロヒムを迎える為の大使館が建設され、**エロヒムの偉大なる帰還**が実現した時、有史以来数千年続いた、人類の古い歴史は幕を閉じます。

そして、人類の新しい歴史が幕を開け、私たち人類の黄金時代、「花咲く都・黄金文明」が、幕を開ける時を迎えるのです。

伝統的宗教の終焉の時

今、**伝統的宗教の終焉の時**を迎えようとしています。私たち人類は、数千年もの長い間、無形の超自然の全能の神のような存在を崇め、救いを求めて来ました。

地球の全生命が、他の惑星からやって来た人間たちの手によって科学的に創造されたということが理解出来なかったからです。

聖書に書かれた、「天空から飛来した人々」を意味するエロヒムという言葉が、いつの間にか、神（ＧＯＤ）という言葉に誤訳されてしまい、科学的知識の無かった大昔の人々は、**無形の超自然の全能の神によって地球の全生命が創造されたのだと思い込んできました。**

真実が啓示される時代、アポカリプス（黙示録）の時代を迎えて、全てが科学的に理解可能となる時代が到来するまで、人々を導く為のメッセンジャーとして、モーゼ、仏陀、イエス・キリスト、マホメットなどの古代の預言者たちを、エロヒムは地球に遣わしてきました。

科学の偉大な秘密を理解し、人間に秘められた可能性に目覚め、人類の黄金時代を迎えられる時まで、私たち人類には、**宗教という「松葉杖」**が必要だったのです。

世界三大宗教と言われる、キリスト教・イスラム教・仏教の開祖である、イエス・キリスト、マホメット、仏陀たちは何れも、科学的に全てが理解可能となる時代を迎えるまで、**宗教という「松葉杖」を必要とする人類を導く為のメッセンジャー**として、エロヒムから派遣されたのです。

彼らは決して、人類を救うたった一人の救世主として派遣された訳ではありません。

伝統的宗教が果たしてきた役割は、もはや終わりの時を迎えようとしています。**救いを求めたり、たった一人の救世主を求めたりするような意識レベルから、抜け出す時を迎えている**のです。

地球の全生命が、私たち人間と同じ、他の惑星からやって来た人間たちの手によって科学的に創造されたことを理解し、**自分たちも創造者になれることを認め、人間に秘められた可能性に目覚める時を迎えている**のです。

仏陀やイエス・キリストに救いを求めるのではなく、私たち人類の偉大な先人たちとして、**エロヒムを迎える為の大使館に彼らを招待する時を迎えている**のです。

この二一世紀において、近い将来、イエス・キリストの再臨が実現することになりますが、人類を救済する為にキリストが再臨して来る訳ではありません。キリストが再臨することによって人類が救われるのではありません。

私たち人類が、人間に秘められた可能性に目覚め、自分たちも創造者になれることを理解し、救いを求める心、救世主を求める依存心から脱却出来た時に、イエス・キリストの再臨は実現するのです。

私たち人類は今ようやく、神や仏に縋《すが》り、救いを求めるという、無知蒙昧な神秘主義から抜け出す時を迎えているのです。

「無限」の宗教――絶対の宗教、永遠の宗教

真実が啓示される時代、アポカリプス（黙示録）の時代を迎えて、全てを科学的に理解出来るようになり、真実に目覚める人たちが増えるにつれて、既存の宗教の多くは、その存在意義を失い、役割を終えて、次第に消えていくことになるでしょう。

しかし、**私たち人類の意識がどんなに進化しても、無くならない宗教というものがあります。**

それは、**「無限」の宗教**とでも呼ぶべきものです。

時間においても空間においても「無限」である、この大宇宙そのもののことを、仮に、「無限」と表現するならば、「無限」そのものへの宗教ということになります。

私たち人類の意識がどんなに進化しても、「無限」の大宇宙そのものへの畏敬の念、感謝の念というものは無くなることはありません。

「無限」の大宇宙そのものへの信仰心を、仮に、宗教という言葉で表現するとしたら、それは、「無限」の宗教ということになります。

現世利益を求めたり、助けや救いを求めたりするような御利益信仰ではなく、**「無限」の大宇宙そのものへの純粋な畏敬の念、信仰心**なのです。

私たち人類の創造者であるエロヒムが持っている唯一の宗教が、この「無限」の宗教なのです。

「無限」という宇宙的意識のレベルに到達した生命体にとって、この「無限」の宗教というのは、絶対の宗教となります。

そして、それは、永遠の宗教ともなるのです。

私たち人類の親であり、二五〇〇〇年も進んだ文明を持っているエロヒムが、この「無限」の宗教に忠実であるということが、その証であり、それはまた、私たち人類の未来の姿でもあるのです。

「無限」の宗教、それは、絶対の宗教であり、永遠の宗教です。

将来、私たち人類が宇宙レベルの意識状態に到達した時、**全ての人たちが、この「無限」の宗教を信仰するようになるでしょう。**

イエス・キリストの再臨と至福千年王国

イエス・キリストの再臨とは、エロヒムを迎える為の大使館が建設されて、エロヒムが公式に地球を訪問するようになった時、**エロヒムの宇宙船に乗って、イエス・キリストが地球にやって来ること**を意味します。

イエス・キリストの実の父親であり、エロヒムの惑星の不死会議の議長である**ヤーウェに率いられて、イエス・キリストは再臨する**ことになるでしょう。

実際には、**イエス・キリストだけではなく、モーゼ、仏陀、マホメットなど、古代の預言者たちも、一緒に地球にやって来る**ことになります。

エロヒムは、今までに約四〇人のメッセンジャーたちを地球に遣わしたそうなので、おそらく、彼ら全員が地球にやって来ることになるでしょう。

偉大なる帰還が実現し、エロヒムが公式に地球を訪問する時代が到来してから、エロヒムは、**地球より二五〇〇〇年も進んだ彼らの科学を、遺産**として私たち人類に徐々に伝授してくれるようになるでしょう。

イエス・キリストが言う**「天の国の秘密」**とは、このことだったのです。
「あなたがたには天の国の秘密を悟ることが許されている・・・」(『マタイによる福音書』第13章・第11節)
二五〇〇〇年も進んだ科学の恩恵を享受して、私たち人類は、今ある問題の全てを、徐々に地上から無くすことが出来るでしょう。

エロヒムが地球を公式に訪問し、偉大なる帰還が実現した時、**真実は、全世界・地球上の誰の目にも明らかになります。**

その時、有史以来数千年続いた、私たち人類の古い歴史が幕を閉じ、**私たち人類の新しい歴史**が幕を開けることになります。

私たち人類の黄金時代が幕を開け、地球の新しい精神文明「花咲く都・黄金文明」が花開く時を迎えるのです。

もはや、国と国、民族と民族、宗教と宗教が相争うことの無い、平和で自由で豊かな、喜びに満ちた世界が花開く時を迎えます。

私たちが待ちに待った、全人類の春を迎え、私たちは、**宇宙時代**を迎えるのです。

キリスト教の世界で言われる**「至福千年王国」**とは、このことなのです。

エロヒムを迎える為の大使館は、古代の預言書に書かれている、**「第三神殿」**となることでしょう。

そして、大使館が建設される国は、地球・世界の中心となり、「至福千年王国」の中心地となります。

宇宙時代の中心地となり、宇宙時代をリードしていくことになるのです。

そして、大使館が建設されるのは、東洋の「日出づる神国」日本なのです。

ここ「霊《ひ》ノ元」日本において、イエス・キリストは再臨し、ここ日本において、「至福千年王国」は花開くのです。

東洋の「日出づる神国」日本から、人類の黄金時代の幕が開きます。

私たち人類の黄金時代、「花咲く都・黄金文明」は、日本において花開くのです。

私たち人類の黄金時代、「花咲く都・黄金文明」が花開くのは、早ければ西暦二〇三〇年頃、遅くとも二〇四〇年までの間の、**西暦二〇三〇年代の何れかの時期**になります。

人類の新しい歴史の幕開け――地球の恒久平和

偉大なる帰還が実現し、エロヒムが公式に地球を訪問する時代が到来した時、**私たち人類の新しい歴史が幕を開け、地球の恒久平和が実現する時を迎えます。**

エロヒムが宇宙船に乗って、大使館を公式に訪問する時代が到来した時、真実は、もはや世界中の誰の目にも明らかとなるのです。

地球より二五〇〇〇年も進んだ科学を持っている、私たち人類の創造者であるエロヒムの姿を世界中の人々が目にした時、もはや地上から戦争は無くなります。

二五〇〇〇年も進んだエロヒムの科学技術の前では、世界最強のアメリカ軍の最新鋭の科学兵器ですら、**子供の爆竹程度**にしか過ぎません。

アメリカ軍に、一機の戦闘機を発進させる時間も、一個の爆弾を爆発させる時間も与えることなく、エロヒムはそれらを麻痺させてしまうことが出来るのです。

今の地球より二五〇〇〇年も進んだエロヒムの科学力というのは、想像を絶するものがあるようで、**彼らは、太陽系の中の惑星の軌道を変えたり、私たちの太陽系その**

ものを移動させることも出来ます。

もしエロヒムが、地球を侵略して植民地化したいのであれば、あっと言う間に地球にやって来て、全人類を完全に奴隷化することなど、呆気ないほど簡単に出来るのです。

そのような科学力を持ったエロヒムという創造者の存在を、世界中の人々が目にして、知ることになった時、もはや、地上から戦争は無くなるのです。

「井の中の蛙、大海を知らず」という諺があるように、有史以来数千年間、私たち人類は、地球という小さな星の中だけしか知らず、様々な争いや対立を繰り返して来ました。

しかし、宇宙時代を迎え、エロヒムという創造者の存在、宇宙という大海を知った時初めて、私たち人類は、地球という小さな井戸の中でいがみ合うことを止めて、一つにまとまることが出来るのです。

偉大なる帰還が実現し、エロヒムが公式に地球を訪問する時代が到来した時、**私たち人類の新しい歴史が幕を開け、地球の恒久平和が実現する時を迎えます。**

科学が人間に奉仕する黄金文明

エロヒムが公式に地球を訪問する時代の到来により、人類の黄金時代が幕を開け、私たち人類の新たな精神文明「花咲く都・黄金文明」が花開く時を迎えます。

キリスト教の世界で言われる「至福千年王国」のことでもあります。

そして、「至福千年王国」とは、一言で表現するならば、科学が人間に奉仕する時代のことなのです。

高度な科学技術により、人間が安全で快適に暮らすことが出来、平和で自由で豊かな、喜びに満ちた生活を満喫出来る時代が到来します。

エロヒムの不死の惑星においては、**貨幣というものは存在しません**ので、人々は、お金（マネー）を得る為に何かをしなければならないということは一切無く、自分がしたいこと、望むことだけを、自由にすることが出来ます。

人々は、労働というものから開放されていますので、本人が望む場合のみ、知的な労働を行っています。

一人平均一〇台もの**生物ロボット**が存在しており、人間に代って、ほとんどのことは生物ロボットがやってくれます。

全ての人々に、必要なものは全て与えられ、何不自由無く、警察も刑務所も存在しない平和な世界で、**自分を開花させることだけに専念**して生きることが出来ます。

誰もが、**平和で自由で豊かに、喜びに満ちた生活を満喫**することが出来るのです。

そして、肉体的に若いままの状態を維持して、**七五〇歳～一二〇〇歳位まで**生きることが出来ますので、楽園のような生活を何百年も満喫しながら、自己を開花させることに専念して生きることが出来ます。

さらには、不死の資格ありと認定されれば、不死の特権が与えられて、**不死の生命、永遠の生命を与えられる**のです。

まさに、イエス・キリストが言う「天の王国」であり、仏陀が言う「極楽浄土」のような世界なのです。

そして、この天国のような世界、この極楽のような世界とは、私たち地球の未来の姿でもあるのです。

エロヒムが公式に地球を訪問する時代が到来し、彼らが持つ二五〇〇〇年進んだ**科学技術を遺産として徐々に伝授されるよう**になると、ありとあらゆるものごとが根本的に変化し、**科学の恩恵を享受出来る時代、科学が人間に奉仕する時代**が到来することになります。

自然環境を始め、政治、経済、金融システム、科学技術・テクノロジー、医療、教育、宗教、世界観、常識、概念、ライフスタイルなど、ありとあらゆるものごとが、根本的に変わってしまうことでしょう。

そして、高度な科学技術の恩恵により、今ある問題は徐々に解消されていき、**科学が人間に奉仕する黄金文明が花開く**ことになるのです。

私たち人類は、徐々に労働から開放されていき、何れ完全に開放されることになるでしょう。

誰もが、何不自由無く豊かに暮らせる時代が到来します。

何れは、お金（マネー）というものも必要でなくなり、貨幣というものが存在しない社会が到来することになるでしょう。

誰もが健康で長生き出来るようになり、何れは、不死の生命、永遠の生命も可能となる時期が来ることになるでしょう。

地球の新しい精神文明「花咲く都・黄金文明」とは、高度な科学技術によって人類が豊かで幸福に生きられる時代のことであり、科学が人間に奉仕する時代のことなのです。

人類の黄金時代を迎える為に大切なこと

エロヒムを迎える為の大使館が建設されて、エロヒムが公式に地球を訪問する時代が到来した時、私たち人類の黄金時代が幕を開け、地球の新しい精神文明**「花咲く都・黄金文明」**が花開く時を迎えます。

キリスト教の世界で言われる**「至福千年王国」**のことでもあります。

地球の恒久平和が実現し、私たちが待ちに待った、全人類の春を迎えるのです。

そして、地球は**宇宙時代**を迎えます。

二一世紀の今この時、私たちは、稀有の時代を生きているのであり、まさに夢のような時代を生きているのです。

しかし、私たち人類の黄金時代を迎える為には、乗り越えるべき課題も多くあります。

人類の黄金時代を迎える為に、乗り越えるべき大きな課題は、二つあります。

一つ目の課題は、一人でも多くの人たちが真実に目覚め、**人類の黄金時代の到来を**

希望する人たちが、ある一定数以上に達することであり、もう一つの課題は、人類の黄金時代の到来を望まない、**一部の影の勢力による妨害に打ち勝つこと**なのです。

この点について、ご説明したいと思います。

私たち一人ひとりは、自分の認識の中でしか、物事を判断することは出来ません。自分が正しいと思っていることや、自らが強く持っている常識・認識・概念などは、あくまでも自分の思い込みでしかないので、物事を判断する時、自分の理解出来ないことを、自分が持っている固定観念や先入観などで、すぐに頭ごなしに否定したりしないことが大切になります。

特に、科学的なことに関しては、尚更です。

私たちは皆、生きている時代の制約を受けていますので、科学的なことに関しては、**生きている時代の科学の範疇の中でしか、物事を理解することは出来ない**のです。

例えば、ほんの数百年前まで、ほとんどの人々は、地球が宇宙の中心にあり、地球の周りを太陽が回っているのだと信じ込んでいました。

科学がまだ発達していなかった為に、当時の人々にとっては、太陽が地球の周りを回っているという天動説が常識だったのです。

天動説を否定して地動説を唱えたガリレオ・ガリレイが、宗教裁判にかけられ、ローマ教皇庁から有罪を宣告されたのは、有名な話です。

また、ガリレオよりも少し早い時代に生きたコペルニクスも、地動説を唱えましたが、自己の地動説発表による影響を恐れて、主著『天体の回転について』の販売を、死期を迎えるまで許さなかった為、自著の完成を見ることなく逝ったと言われています。

天動説が地動説に変わるような、コペルニクス的大転回を、私たち人類はこれから経験することになるのです。

聖書に出てくる神（ＧＯＤ）という言葉は誤訳であり、無形の超自然の全能の神が、地球の全生命を創造したのではなく、**エロヒムという「天空から飛来した人々」によって科学的に地球の全生命が創造された**のだということを、全ての人々が理解出来る時代を迎えようとしているのです。

そして、**進化論は誤り**であり、私たち人間は、サルから進化した訳ではないということを、全ての人々が理解出来る時代を迎えようとしています。

進化論は、確固とした科学的根拠も無いまま、学校などで教えられて、あたかも常識のようになってしまいましたが、これに疑問を持つ人々も、多くなっています。「進化論は証拠が無いので証明出来ない」とする科学者たちが、今、世界中でかなり増えてきているようです。

アメリカでは、ハーバード大学の教授を含むトップクラスの進化論学者たちが、進化論の矛盾に気付き、進化論の研究を止めて、他の学問に転向したりしているそうですが、このようなことは、学問の世界では、あまり例の無いことなのかも知れません。

カナダの高校の生物の教科書には、生命創造の三つの説として、「進化論」、「神による創造」、そして**「異星人エロヒムによる創造」が紹介された**そうです。

一昔前の人々が、天動説を盲信していたように、今の時代は多くの人々が**進化論を盲信しているだけ**だということが、何れ明らかになる時が来ます。

そして、無形で超自然の全能の神が、地球の全生命を創造したのだというような、無知蒙昧な神秘主義から目を覚まして、**地球の全生命が科学的に創造されたの**だということを理解出来る時代を迎えているのです。

一人ひとりが、自分の持っている常識・固定観念・先入観に囚われることなく、**真実を理解するようになることが大切**になります。

そして、真実に目覚めた人たちが一人でも多く増えていき、ある一定数以上になることが大切なのです。

エロヒムを迎える為の大使館というのは、治外法権が認められて、中立の空域の中立の場所に建設される必要がありますので、**政府の承認が必要**になります。

多くの人たちが真実を理解するようになり、ある程度一般的な概念とならない限りは、政府の承認を得るのは中々難しいかも知れません。

一人でも多くの人たちが真実に目覚め、**私たち人類の黄金時代の到来を希望する人たちが、ある程度の臨界点まで到達することが大切**になります。

そして、もう一つ大切な課題となるのが、**人類の黄金時代の到来を望まない人々や勢力からの妨害を阻止することな**のです。

ほとんどの人たちは、戦争も無く、平和で自由で豊かに生きられるような社会の到来を待ち望んでいると思いますが、それを望まない人々や勢力が一部に存在します。

国際金融資本家や軍産複合体など、お金（マネー）や権力で人々を支配している一部の勢力にとっては、このままの体制が続いた方が彼らにとって都合が良いので、地球の恒久平和など望んでいないのです。

例えば、軍需産業にとっては、地上から戦争が無くなり、世界平和が実現した時には、商売が成り立たなくなる訳ですから、地上でいつまでも戦争が続いていた方が、彼らにとっては都合が良いということになります。

実際、今地球上で起きているような戦争なども、偶然起きている訳ではなく、裏で戦争が意図的に起こされているのです。

今の社会では、お金（マネー）というものを得る為に、ほとんどの人々が毎日あくせくと奴隷のように働かされていますので、一部の金融ユダヤ人たちにとっては、このまま貨幣経済が続いてくれた方が、お金（マネー）で人々をコントロール出来ますので、彼らにとっては都合が良い訳なのです。

もし、お金（マネー）というものが必要でなくなり、貨幣経済が終わりを告げたとしたら、もはや彼らはお金（マネー）で人を支配することが出来なくなるのです。

お金（マネー）や権力で世界を支配している影の勢力にとっては、エロヒムが公式に地球を訪問するようになって人類の黄金時代が到来することは、彼らにとって都合が悪いことであり、死活問題にも繋がりますので、**エロヒムの大使館の建設を妨害して来る可能性**も考えられます。

マスコミの情報なども、影の勢力が操作していますので、一人ひとりが世の中で起きていることの本質を理解して、正しい情報と間違った情報をきちんと見分けられるようになることが大切だと思います。

大衆が無知で愚かであればある程、影の勢力にとっては、マインドコントロールや洗脳がしやすくなりますので、世の中を支配しやすくなります。

その反対に、私たち一人ひとりが賢明になり、正しい情報と間違った情報とを見分けられるようになれば、**だんだんマインドコントロールや洗脳によって人々を支配出来なくなっていきますので、彼らの勢力を衰えさせて弱体化させることも出来る**ようになります。

進化論なども、進化論が誤りであることを百も承知の上で、マインドコントロールの為に、意図的に教えられている面もあるようですので、情報には十分な注意が必要になります。

今という時代は、ありとあらゆる情報が氾濫し過ぎていますので、私たち一人ひとりが賢明になって、正しい情報と間違った情報を見分ける力を持ち、**真実を知っていくことが、社会をより良くしていく力**となります。

そして、影の勢力の洗脳やマインドコントロールに操られることなく、正しい情報を広めて、彼らを弱体化させていくことが大切となります。

政府や政治家たちも、影の勢力の影響下にありますが、影の勢力が弱体化するとともに、**大使館の建設を希望する人たちがある程度大きな数になれば、**大使館の建設を妨害するようなことはやりづらくなり、大使館の建設を認めざるを得なくなる筈です。

私たち一人ひとりが賢明になって、聖書に書かれている内容の真実に目覚めるだけではなく、幸福な未来社会の到来を妨害しようとする企みを阻止して、私たち人類の黄金時代の扉を開くことが大切になります。

地球人類総真釣《まつ》り（総決算）の時

私たちは今、有史以来数千年続いた、人類の古い歴史の最終局面を迎えています。言わば、**地球人類総真釣《まつ》り（総決算）の時を迎えているのです。**

早ければ西暦二〇三〇年頃、遅くとも二〇四〇年までの間の、西暦二〇三〇年代の何れかの時期に、エロヒムを迎える為の大使館が日本に建設されて、私たち人類の黄金時代の扉が開くことになります。

エロヒムが公式に地球を訪問する時代が到来すると、地球の新しい精神文明**「花咲く都・黄金文明」**が花開き、私たち人類の新しい歴史が幕を開けることになります。

キリスト教の世界で言われる**「至福千年王国」**のことでもあり、私たち人類は、**宇宙時代**を迎えるのです。

ですから、これからの十数年から二十年前後は、人類の古い歴史の最終局面であり、私たちは今、**地球人類総真釣《まつ》り（総決算）の時を迎えているのです。**

有史以来数千年続いてきた、争いや対立の歴史、支配と被支配の歴史、持てる者と持たざる者の歴史、自然破壊の歴史などが、終わりを告げようとしているのです。

この為、**これからの十数年は、新しいものと古いものとの戦い**ともなります。

人類の黄金時代を希望する新しい力と、旧体制のまま人類を支配し続けたい古い力との戦いとなります。

また、真実を科学的に理解出来る新しい力と、古い常識・概念・世界観に囚われて真実を理解出来ない古い力との戦いともなります。

人類始まって以来とも言うべき大変革を望む新しい力と、大変革を望まない古い力との戦いでもあるのです。


私たちはこれから、人類がいまだかつて経験したことの無いような、新しい概念と古い概念との戦いを演じることになります。

最終的には、善意ある有意の日本人が中心となって、新しい概念、新しい力が勝利を収め、人類の黄金時代の扉が開かれることになるのです。

地球は未曾有の領域に突入する

私たちは今、有史以来数千年続いた人類の古い歴史の最終局面を生きており、西暦二〇三〇年代の何れかの時期に、人類は黄金時代の扉を開いて、新しい歴史の幕を開けることになります。

そして、エロヒムが公式に地球を訪問する時代が始まりますので、彼らが持つ二五〇〇〇年進んだ科学を遺産として徐々に伝授されるに伴い、あらゆることが加速度的に変化していくことになるでしょう。

自然環境を始め、政治、経済、金融システム、科学技術・テクノロジー、医療、教育、宗教、世界観、常識、概念、ライフスタイルなど、ありとあらゆるものごとが根本的に変わろうとしています。

この二一世紀というのは、有史以来数千年の過去の歴史においても、また、これから先の未来においても、**人類が二度と再び経験することの無い、稀有な時代**なのです。

これから先、地球は未曾有の領域に突入するでしょう。

そして、有史始まって以来とも言うべき大変化のプロセスを経て、人類はさなぎから蝶へと生まれ変わり、**黄金の蝶となって宇宙へと飛翔**することでしょう。

次の覇権国は日本――西洋の時代から東洋の時代へ

今、時代は、西洋の時代から東洋の時代へと移行しつつあります。

資本主義に象徴される物質文明は、間もなくその幕を閉じようとしていますので、それに伴い、何世紀にも亘って世界を支配してきた欧米型のシステムは、急速に力を失いつつあります。

二〇世紀の唯一の超大国であり、世界の覇権国であった米国は急速に力を失いつつありますし、ヨーロッパ諸国も衰退しつつあります。

何世紀にも亘って世界をリードしてきた、欧米諸国の急速な衰退ぶりは、西洋の時代が間もなく終わりを告げ、東洋の時代へと移行しつつある顕れなのです。

そして、東洋の時代の夜明けは、東洋の一番東にある、「日出づる神国」、「霊《ひ》ノ元」日本から始まります。

いずれ米国が衰退して覇権を失った後は、世界の覇権は日本が担うことになります。

そして、二〇世紀の覇権国と、二一世紀の覇権国は、その趣を異にします。

二〇世紀は、政治力・経済力・軍事力などの力で世界を支配する国が、世界の覇権を握っていました。

しかし、二一世紀は、力によって世界を支配するのではなく、霊性の高さ、徳の高さ、精神性の高さ、人々を幸福にする科学技術力の高さなどによって世界をリードし、**世界平和の中心的役割を担える国が、世界の覇権を担う**ことになります。

そして、その大役を担える国は、日本を置いて他にはありません。

日本こそが、二一世紀の新しい精神文明の時代をリードすべく、太古の昔から用意されてきた国なのです。

東洋の時代になるからと言って、中国が覇権国になる訳では決してありません。

二一世紀の新しい地球の覇権を担えるのは日本だけであり、何千年にも亘る、天の用意周到な計画の元、準備されてきたのが、東洋の「日出づる神国」、「霊《ひ》ノ元」日本なのです。

何故なら、エロヒムを迎える為の大使館が建設される国は、日本なのであり、エロヒムを迎える為の大使館が建設されることによって、**日本は人類の黄金時代の扉を開き、地球の新しい精神文明「花咲く都・黄金文明」を花開かせて、地球・世界の中心的存在となる**からなのです。

エロヒムを迎える為の大使館を建設することにより、日本は財政上の多大な利益を得られるだけではなく、**エロヒムの特別な保護を享受して、「至福千年王国」の中心地として精神的および科学的中心となり、世界をリードしていくことになるのです。**

宇宙時代の幕開けと至福千年王国

エロヒムを迎える為の大使館が日本に建設されて、**エロヒムが公式に地球を訪問する時代が到来することにより、本格的な宇宙時代が幕開けする**ことになります。

エロヒムの宇宙船に乗って、ヤーウェたちに率いられて、モーゼ、仏陀、イエス・キリスト、マホメットなどの古代の預言者たちが、この日本にやって来るのです。

そして、**エロヒムの二五〇〇〇年進んだ科学を遺産として伝授される**ことにより、**「至福千年王国」を花開かせる**ことになります。

日本は、「至福千年王国」の中心地として、地球・世界の中心となり、**宇宙時代をリードしていく**ことになるのです。

そして、私たち人類もまた、本格的な宇宙探査を行うようになり、**何れは、他の惑星で科学的に生命を創造する実験を行う**ようになるでしょう。

そして、他の惑星で生命を創造した時、今度は、**私たち地球人もまた、「天空から飛来した人々」と呼ばれるようになり、創造者と呼ばれるようになる**のです。

イエス・キリスト自身が弟子たちに教えたとされる、「主の祈り」という有名な祈祷文の中に、次のような言葉があります。

「み国が来ますように。みこころが天に行われるとおり地にも行われますように。」

その深い意味が理解されないまま、繰り返し称えられてきたこの祈りが、今ようやくその本当の意味を取り戻したのです。

西暦二〇三〇年代、人類は黄金時代を迎える

早ければ西暦二〇三〇年頃、遅くとも二〇四〇年までの間の、**西暦二〇三〇年代の何れかの時期に、エロヒムを迎える為の大使館が日本に建設されて、人類の黄金時代の扉が開かれる**ことになります。

偉大なる帰還が実現し、**エロヒムが公式に地球を訪問する時代が到来**します。

地球より二五〇〇〇年も進んだエロヒムの科学を、遺産として伝授される時代が到来するのです。

そして、ヤーウェを始めとするエロヒムが帰還するのは、この日本なのであり、イエス・キリストが再臨し、仏陀やモーゼやマホメットなどの古代の預言者たちがやって来るのも、この日本なのです。

この日本から、地球の新しい精神文明「花咲く都・黄金文明」が花開き、「至福千年王国」が花開くのです。

そして、宇宙時代が幕を開け、**日本は地球・世界の中心と**なって、宇宙時代をリー

ドしていくことになります。

これは、太古の昔から決まっていたプログラムであり、天の大いなる計画なのです。東洋の「日出づる神国」、「霊《ひ》ノ元」日本は、その為に、太古の昔から用意され、準備されてきた国なのです。

今、私たち日本人の中に眠る遺伝子が、目覚め、蘇り、花開く時を迎えています。

「霊《ひ》ノ元」日本の天岩戸開き、富士は晴れたり日本晴れの時を迎えています。

「霊《ひ》ノ元」日本の天岩戸開き
富士は晴れたり日本晴れ

「ひのもと」日本

エロヒムを迎える為の大使館が、この日本に建設されて、地球の新しい精神文明「花咲く都・黄金文明」が、ここ日本から花開くことになります。

この日本から、「至福千年王国」が花開く時を迎えるのです。

日本は、**「至福千年王国」の中心地**として、地球の精神的・科学的中心となり、以後、**千年以上にも亘って、地球・世界の中心となる**のです。

そして、宇宙時代の中心地として、宇宙時代をリードしていくことになります。

「霊《ひ》ノ元」日本の天岩戸開き、富士は晴れたり日本晴れとは、このことなのです。

これは、太古の昔から決まっていたプログラムであり、天の大いなる計画なのです。**東洋の「日出づる神国」、「霊《ひ》ノ元」日本は、その為に用意され、準備されてきた国なのです。**

これから、その点について解説を加えていきたいと思いますが、「神の経綸」、「神計り」というような表現が一部に出てくるかと思います。

地球の全生命を創造したのはエロヒムなので、人々が「神界」と呼んでいる世界は、つまるところ、「地球神界」とでも呼ぶべき、エロヒムの世界のことなのです。

日本の役割について説明する上で、よく使われている「神の経綸」、「神計り」というような表現が、便宜上、説明しやすいので使わせていただきますが、それはあくまでも、エロヒムの世界のことであり、エロヒムの計画だということをご承知おき下さい。

日本は、「ひのもと」と呼ばれます。

「ひのもと」とは、**「霊《ひ》ノ元」**であり、**「日ノ元」**であり、**「火ノ元」**でもあります。

日本は、地球・世界の霊的中枢であり、世界の中心の光であり、地球の「火」の働きの中心でもあります。

「ひのもと」日本とは、地球・世界の希望の光なのです。

日本は世界の雛形

日本は世界の雛形であると言われています。

日本は世界の縮図であるということであり、地理地形にも、表されています。

世界五大陸の地理地形は、日本列島とよく似ており、日本列島の形態のモデルになっているとも言えます。

そして、富士山はエベレスト、琵琶湖はカスピ海というように、それぞれの場所が、照応関係にあると言われています。

それもその筈、**エロヒムがそのように創造した**からなのです。

「ノアの箱舟」と大洪水の時代前は、地球には原初の巨大な超古大陸一つだけがありました。

それが、大洪水の時に、エロヒムの核ミサイルによって地上の生命が抹殺され、大陸がバラバラになってしまって、今の五大陸に分かれたのです。

大洪水の後に、世界五大陸の雛形・縮図として、今の日本列島が創造されました。

日本が世界の霊的中枢になります。

霊的に言うならば、「霊《ひ》ノ元」日本は、地球・世界の中心の国であり、**私たち日本人は、世界人類の中心となるべき霊統**なのです。

東洋の「日出づる神国」、「霊《ひ》ノ元」日本は、元々日本の国土そのものからして、**地球・世界の中心として創造された国**なのです。

全ては、この二一世紀に、**人類の黄金時代の扉を開き、地球の新しい精神文明「花咲く都・黄金文明」を花開かせる為**なのです。

「霊《ひ》ノ元」日本は、真実が啓示される時代、アポカリプス（黙示録）の時代が到来し、この二一世紀に人類が黄金時代を迎えられるようになった時、**「至福千年王国」を花開かせる為の国**として、太古の昔から用意され、準備されて導かれてきた国なのです。

日本という国は、創造者であるエロヒムから、特別の使命・役割を与えられて創造された国なのです。

「ノアの箱舟」と大洪水

「ノアの箱舟」と大洪水の神話は、本当にあった実話であり、エロヒムの核ミサイルにより、地上の生命が一度は抹殺されたことがあるのです。

その時に、**ノアに命じて宇宙船を造らせ、地球の生命を保護して救ったのが、ルシファー**なのです。

私たち人類が今こうして生きていられるのは、ルシファーたちと、ノアを始め助け出された一部の人間たちとの協力によるものなのです。

こうして、大異変が起きた時、地球の生命は、地上から何千キロも離れた上空で、宇宙船の中で保護されていました。

この時、エロヒムは、エロヒムの創造者たちが残した自動宇宙船にあったメッセージにより、**エロヒムもまた、他の惑星からやって来た異星人たちによって科学的に創造されたのだということを知りました。**

そして、もし人間が暴力的で野蛮であれば、将来、**惑星間文明に到達することを可**

能にするエネルギーを発見した時に、自己破滅するであろうということを理解しました。

こうして、ヤーウェを中心とするエロヒムの惑星政府は、**二度と再び地球の全生命を抹殺するようなことはしないと決意するとともに、ルシファーたちが宇宙船の中に保護していた生命を、再び地上に戻すことに協力したのです。**

このことは、サタンの反対を振り切って行われました。

そして、人類の歩みは人類自らの手に委ねることにしたのです。

こうして、ルシファーたちによって、地上に再び生命が蘇ることになったのですが、**この時にルシファーたちは、地球には新しい人種・民族が必要であると考えました。**

もし、以前のままの状態で地上に人間を再創造しても、何れ人類は、将来、惑星間文明に到達することを可能にするエネルギーを発見した時に、自己破滅するであろうと考えたからです。

そして、将来、人類が自らの力で科学を高度に発達させて、惑星間文明に到達することを可能にするエネルギーを発見した時に、**自らの中にある攻撃性や野蛮性により自己破滅することから救う為の民族として、新たに創造されたのが、私たち日本人・大和民族なのであり、「大和の国」日本なのです。**

東洋の「日出づる神国」、「霊《ひ》ノ元」日本は、その為に創造された国なのです。

東洋の「日出づる神国」、「霊ノ元《ひ》」日本

東洋の「日出づる神国」、「霊ノ元《ひ》」日本は、将来、人類が黄金時代の扉を開く為の中心的存在として、太古の昔から、用意され、準備されてきた国なのです。

私たち日本人・大和民族、そして、「大和の国」日本は、将来、世界人類を救い、人類の黄金時代を開く為の中心的存在として、大洪水の後に、新たに創造されました。

今ある日本の国土も、東洋の「日出づる神国」、世界の雛形として、その時に創造されたものなのです。

科学技術というものは、時間を掛ければ掛ける程、どんどん進歩させていくことが出来ます。

核兵器や原子力発電のようなものも、長い年月を掛ければ掛ける程、今よりももっと強力で危険なものを開発していくことが出来ます。

さらには、今あるエネルギーよりも、もっと進んだ新しいエネルギーを開発していくことも可能になります。

しかし、科学技術だけがどこまでも進歩していく一方で、私たち人類が、自らの中にある悪の心（攻撃性、野蛮性、行き過ぎた欲望など）を克服出来なかった時には、**自らが開発した科学技術により、自ら自己破滅する**ことになります。

例えば、今地球上には、数万発もの核兵器が存在すると考えられていますが、もし、全面核戦争でも起きれば、人類自らが開発した科学技術によって人類自らが自己破滅することになるのです。

ヤーウェを中心とするエロヒムの惑星政府は、大洪水後に、二度と再び、自らの手で地上の全生命を絶滅させるようなことはしないと決意し、人類の歩みは、私たち人類自らの手に委ねることにしました。

従って、もう二度と再び、エロヒムが地上の生命を抹殺することは無いのですが、私たち人類が、科学技術ばかりをどこまでも発達させていく一方で、科学的水準と同等レベルの叡智を持たなければ、何れは、**自らが開発した科学技術により自らが自己破滅する**ことになるのです。

そうならないように、ルシファーたちが、**将来の人類を救うべき新しい人種・民族が必要だと考え創造した**のが、日本人・大和民族であり、「大和の国」日本なのです。

私たち日本人は、元々、遺伝子レベルで、悪の心（攻撃性、野蛮性、行き過ぎた欲望など）が少なく、**「和」**の心を持った民族として創造されています。

私たち日本人は、遺伝子レベルで、人類を救うべき特別な使命・役割を持った民族として創造されているのです。

私たち日本人を表す言葉として、**大いなる和「大和」**という言葉が使われます。

大和民族、大和の国、大和心、大和魂というように、大いなる和「大和」という言葉が使われ、「和をもって貴しと為す」ことが尊重される民族だと言われていますが、元々そのような民族として、遺伝子レベルで創造されているのです。

そして、その特別な遺伝子が、数千年の歳月熟成されて、然るべき時が到来した時に開花するように、日本の国土も創造されています。

東洋の「日出づる神国」日本の国土というのは、人類の黄金時代が到来した時の中心地となるべく、大洪水後に、ルシファーたちによって創造されたものなのです。

神国日本の国土が創造されたのは、大洪水の後

今ある日本の国土というのは、大洪水後に、ルシファーたちによって、特別な使命・役割を持った神国の国土として創造されました。

それが、「東洋の日出づる神国」、「霊《ひ》ノ元」日本の国土なのです。

古事記には、日本の国生み神話として、伊邪那岐命と伊邪那美命が登場します。

天つ神一同から、「この漂っている国土をよく整えて、作り固めよ」と言われて、天の沼矛《ぬぼこ》を授けられた伊邪那岐命と伊邪那美命は、天の浮橋から、天の沼矛《ぬぼこ》を下ろしてかき廻し、国生みを行っていったと書かれています。

伊邪那岐命とは、ルシファーのことであり、今ある日本の国土は、ルシファーたちによって創造されたものなのです。

大洪水の時、ノアたちに命じて宇宙船を造らせ、大異変から地上の生命を救ったのが、ルシファーです。

そして、大異変後に、地上に生命を戻して蘇らせたのもルシファーたちであり、ヤ

ーウェを中心とするエロヒムの惑星政府も、これに協力しました。

核ミサイルで絶滅させられてしまうことから、**我が身も顧みずに地球の生命を救ったのがルシファー**であり、そうやって救った人間たちが、将来自己破滅することのないようにとの意図で創造した特別な神国が、「霊《ひ》ノ元」日本なのです。

「大和の国」日本は、ルシファーたちエロヒムから特別な使命・役割を与えられた神国なのであり、これから地球・世界の中心となるべき、世界の希望の光なのです。

「大和の国」日本と大和民族

東洋の「日出づる神国」、「霊ノ元《ひのもと》」日本は、私たち人間を愛するルシファーたちの意図によって創造された、特別な国なのです。

東洋の一番東にある「日出づる神国」として、島国としての独自性を維持しながら、一度も他国に取って代わられること無く、大陸からも割と近い為、大陸から様々な文化などを積極的に取り入れながら、進取の精神を育み、独自の文化を育んできました。

北は北海道から、南は九州・沖縄に至るまで、寒帯から熱帯までの、あらゆる気候が凝縮されており、四方を海に囲まれ、緑も水も豊かで、四季折々のきめ細やかな自然美に満ち溢れています。

私たち日本人は大和民族と呼ばれ、私たちの国・日本は、大和の国と呼ばれ、日本人の精神性を表す言葉として、大和心・大和魂という言葉が使われます。

大いなる和「大和」という言葉が、日本の異名となっていますが、元々そのように創造されているからなのです。

私たち日本人は、他の民族には無い、**特別な遺伝子を持った民族**なのであり、日本の国土そのものも、世界の雛形として、東洋の一番東に位置する、「日出づる神国」として、創造されているのです。

この二一世紀に、私たち日本人の中に眠る大和心・大和魂を発揮して、地球の恒久平和を実現させ、「至福千年王国」を花開かせて、**地球・世界に大いなる和「大和」を実現させることが、私たち大和民族、そして「大和の国」日本に与えられた、使命であり役割なのです。**

日本の象徴、霊峰富士

「霊《ひ》ノ元」日本の象徴は、霊峰富士です。

日本一高い山が富士山と言うより、霊的に言えば、霊峰富士が日本を治めていると言った方が真実に近く、**世界に二つと無い（不二）働きを持った神体山が、「霊《ひ》ノ元」日本の象徴、霊峰富士**なのです。

何故なら、エロヒムがそのように創造したからです。

日本一高い山が、あのように雄大で美しいのは、偶然ではなく、東洋の「日出づる神国」、「霊《ひ》ノ元」日本の象徴として、エロヒムが創造したからなのです。

これから迎える**人類の黄金時代、「至福千年王国」の中心地となる日本の象徴**として創造されているのが、霊峰富士なのです。

東洋の「日出づる神国」、「霊《ひ》ノ元」日本の象徴である霊峰富士は、世界に二つと無い（不二）働きを持った神体山であり、世界に二つとして無い（不二）聖地であると言っても過言ではありません。

富士の夜明けは日本の夜明け、そして、日本の夜明けは、地球・世界の夜明けです。

今、霊峰富士に黄金の太陽が昇る時を迎えています。

「霊《ひ》ノ元」日本の天岩戸開き、富士は晴れたり日本晴れの時を迎えています。

霊峰富士が持つ、世界に二つと無い（不二）働き

「富士」は、「不死」であると同時に、「不二」であり、世界に二つとして無い働きを持った神体山が、霊峰富士なのです。

霊峰富士が持つ、世界に二つと無い（不二）働きとは、二元性を統合して、大いなる和「大和」を、地球・世界にもたらすという働きです。

二元性の統合とは、善と悪、正と邪、陰と陽、男性性と女性性、東洋と西洋、プラスとマイナス、光と闇、神と悪魔というように、**二極に対立している働きを統合して、大いなる和「大和」へと導く働き**のことです。

霊峰富士の美しく雄大な姿は、二元性が統合された姿を表しています。

日本一高く雄大な姿は男性性を表し、裾野がなだらかに美しく広がる姿は女性性を表し、男性性と女性性が統合された美しい雄姿で、**二元性が統合された「大和」**を表しています。

二元性が統合された姿はまた、日本の国旗「日の丸」にも象徴されています。

私たち人類の意識は、長く続いた分離の時代から、統合の時代へと向かっています。

霊峰富士は、人類の意識が覚醒する鍵を握っている空間であり、**霊峰富士が持つ真の働き、世界に二つとして無い（不二）働きが、地球・世界に新たな時をもたらすことになります。**

日本の国旗「日の丸」が象徴するもの

日本の国旗である「日の丸」には、二元性が統合された姿が象徴されています。

それは、「霊《ひ》ノ元」日本の象徴、霊峰富士が持つ、二元性を統合させる働きの象徴でもあります。

日章旗である「日の丸」は、白地赤丸で表されています。

中心の赤丸を**赤玉**と言い、白地の部分を**白玉**と言います。

赤玉は、神道の一霊四魂で言うと、和魂《にぎみたま》（幸魂と奇魂）にあたり、女性原理である、「愛」を表しています。

一方、白玉は、一霊四魂の荒魂《あらみたま》にあたり、男性原理である、「力」を表しています。

神の持つ二つの働きである、**「愛」（女性原理）**と**「力」（男性原理）**が、赤玉と白玉で表されており、二つが統合された姿、即ち、**力に裏打ちされた愛**が、「日の丸」に象徴されています。

「日の丸」はまた、**源氏と平氏**をも表しています。

源氏は白旗、平氏は赤旗で戦いましたが、源氏と平氏の演じた源平合戦とは、単に、ある時代における武士同士の戦いというようなものではありません。

二元性の対立というものを、ここ日本において、型として演じる役割を担っていたのが、源氏と平氏なのです。


そして、二元性の対立という型を、地球・世界規模で演じる役割を担っているのが、日本とユダヤなのです。

「ひのもと」日本は、「火ノ元」でもあり、地球・世界の**「火の働き」（男性原理）**の元になりますので、白玉に相当します。

一方、ユダヤは、地球・世界の**「水の働き」（女性原理）**の元になりますので、赤玉に相当します。


昔から、紅白はおめでたいとされていますが、紅白を合わせ持つ働きが「日の丸」に象徴されており、**赤と白を混ぜ合わせると、ピンク、つまり、桜色**になります。

桜は、霊峰富士の守り神とされる、木花之佐久夜毘売《このはなのさくやひめ》の働きを象徴しており、紅白を混ぜ合わせた美しいピンク色で、二元性が統合された姿を象徴しています。

富士と桜は二つで一つであり、「霊《ひ》ノ元」日本の象徴である霊峰富士と、その守り神とされる、木花之佐久夜毘売《このはなのさくやひめ》の働きが、「日の丸」には象徴されており、二元性が統合された美しい姿、即ち、**大いなる和「大和」**を表しています。

この二一世紀において、大いなる和「大和」を地上に実現させ、「至福千年王国」を花開かせるのは、私たち日本人なのです。

東洋の「日出づる神国」、「霊《ひ》ノ元」日本の国旗である「日の丸」とは、地球・世界の中心の光であり、地球・世界を照らす希望の光、黄金の太陽でもあります。

日本とユダヤ――火の働きと水の働き

神とは、火水（カミ）とも言い、火の働きと、水の働きで表されます。

火の働きとは、男性原理であり、縦方向の線「|」で表されます。

一方、水の働きとは、女性原理であり、横方向の線「一」で表されます。

火の働き「|」と水の働き「一」を合わせた「十」は、「神＝火水（かみ）」を表します。


神の経綸において、二元性の対立という型を演じる役割を担っていたのが、日本においては、源氏と平氏であり、地球・世界規模においては、日本とユダヤです。

そして、**日本が火の働き「|」であり、男性原理**になります。

一方、**ユダヤが水の働き「一」であり、女性原理**になります。


東洋の「日出づる神国」日本は、「ひのもと」と呼ばれます。

「ひのもと」とは、「霊《ひ》ノ元」であり、「日ノ元」であると同時に、「火ノ元」でもあり、**地球・世界の「火」の働きの元**なのです。

火の働き（日本）は銀龍、水の働き（ユダヤ）は金龍で表されます。

ユダヤは金龍なので、お金（マネー）、即ち、経済問題として、型でも出されています。

ユダヤは水の働きなので、水（＝お金、情報）は今、ユダヤが司っています。

今、世界のお金（マネー）、マスコミなどの情報は、ユダヤが支配しています。

しかしこれから、「霊《ひ》ノ元」日本の象徴、霊峰富士が持つ、世界に二つと無い（不二）働きである、二元性を統合させて、大いなる和「大和」を地球・世界にもたらすという働きにより、**日本とユダヤは統合へと向かいます。**

これから、日本がユダヤを包み込み、抱き参らせ、大いなる和「大和」を地球・世界に実現させることになるのです。

日本がユダヤを包み込み、抱き参らせ、大いなる和「大和」を実現させた時、地球・世界の水（＝お金、情報）は、日本が司ることになります。

今、世界のお金（マネー）、マスコミなどの情報は、国際金融資本家、軍産複合体など、一部の金融ユダヤ人たちによって支配されています。

今、世界の水（＝お金、情報）を支配しているのは、水の働きであるユダヤなのです。

これから、東洋の「日出づる神国」日本が、その本来の役割を発揮して、**エロヒムを迎える為の大使館を日本に建設し、人類の黄金時代の扉を開く**ことになります。

地球の新しい精神文明「花咲く都・黄金文明」が花開き、「至福千年王国」が花開く時を迎えるのです。

エロヒムが公式に地球を訪問する時代が到来すると、日本が地球・世界の精神的・科学的中心地となりますので、地球・世界の水（＝お金、情報）は、日本が司ることになります。

そして、**世界の覇権は、日本が担う**ことになるのです。

神が持つ二つの働きである、火の働きと、水の働きにおいては、火の働きが先となり、水の働きが後になります。

火先、水後、となります。

「ひのもと」日本が、その本来の役割を果たさなければ、ユダヤ問題（お金、マネー、経済）が解決することはありません。

火の働きが先になります。

全ては、「ひのもと」（火ノ元）から始まります。

「かごめ」の歌——鶴（日本）と亀（ユダヤ）が統《す》べった

「かごめ」の歌という、不思議な歌があります。

かごめかごめ　籠の中の鳥は　いついつ出やる
夜明けの晩に　鶴と亀がすべった　うしろの正面だあれ？

何時、誰が作ったのかもはっきり分からないのに、日本全国に広まって、みんな子供の頃から知っている、不思議な歌です。

このような歌は、天意により降ろされているものなので、歌の意味なども一つだけではなく、何通りにも読めるものなのですが、ここでは、本書に関連した部分について、少し触れておきたいと思います。

「夜明けの晩に　鶴と亀がすべった」というのは、「人類の黄金時代の幕開けの時に、鶴（日本）と亀（ユダヤ）が統合された」ということを意味しています。

「統《す》べる」という言葉があり、統一する、とか、統合するということであり、一つにまとめるという意味があります。

「すべった」というのは、「統《す》べった」ということであり、鶴（日本）と亀（ユダヤ）が統合されたということなのです。

ユダヤを象徴するシンボルが、籠目紋《かごめもん》の六芒星であり、ダビデの星になります。

ユダヤは、六角形の甲羅を持つ亀で表されています。

また、ユダヤは水の働きであり、横方向を表す「―」で表されますので、水平方向に動く**亀でユダヤを表している**のです。

一方、日本航空（ＪＡＬ）のシンボルが鶴であるように、**日本を象徴する鳥が、鶴**になります。

また、鶴は、天に向かって縦方向に飛び上がりますが、縦方向を表す「｜」で表される火の働き、日本を象徴しているのです。

ちなみに、二元性の対立という型を演じる役割を担っていたのが、日本においては、源氏と平氏であり、地球・世界規模においては、日本とユダヤだと申しましたが、源平合戦に勝利したのは、**白旗（白玉）である源氏**であり、源氏の総大将、源頼朝は鎌倉幕府を開き、**鎌倉の鶴岡八幡宮を篤く崇敬**しました。

これから、**白玉である日本**は、赤玉であるユダヤを包み込み、抱き参らせ、日本がユダヤに勝利して、**日本が持つ火の働き「一」とユダヤが持つ水の働き「一」が統合されて、神が持つ働き「十」が完成され、地球に大いなる和「大和」が実現すること**になるのです。

日本が持つ火の働き「一」とユダヤが持つ水の働き「一」が統合されて、神が持つ働き「十」が完成した時、**「神『十』の王国」とも言うべき「至福千年王国」が到来し、イエス・キリストも再臨するの**です。

神が持つ働きである「十」は、イエス・キリストが架けられた十字架をも表しています。

エロヒムを迎える為の大使館が日本に建設されて、エロヒムの偉大なる帰還が実現した時、「神『十』の王国」が到来するとともに、イエス・キリストも再臨するのです。

イエス・キリスト自身が弟子たちに教えたとされる、「主の祈り」という有名な祈祷文の中に、次のような言葉があります。

「**み国が来ますように。**みこころが天に行われるとおり地にも行われますように。」

その深い意味が理解されないまま、繰り返し称えられてきたこの祈りが、ようやくその全体の意味を取り戻し、実現する時を迎えるのです。

今、私たち日本人の中に眠る遺伝子が目覚め、蘇り、花開く時を迎えています。

そして、早ければ西暦二〇三〇年頃、遅くとも二〇四〇年までの間の、西暦二〇三〇年代の何れかの時期に、エロヒムを迎える為の大使館が日本に建設されて、「神『十』の王国」が到来するのです。

今、世界の水(=お金、情報)はユダヤが司っていますが、日本とユダヤが統合され、「神『十』の王国」が実現した時には、世界の水(=お金、情報)は日本が司ることになります。

今、世界のお金(マネー)や、マスコミなどの情報が、一部の金融ユダヤ人たちによって支配されているのは、神の経綸であり、**ユダヤ民族が背負った宿命とも関係しています。**

ユダヤ民族は、イエス・キリストを十字架に架けて磔にした罪人として、迫害を受ける運命を辿ることになります。

祖国を失い、迫害・弾圧を受けて、世界中に散らばっていくことになりました。

そして、ほとんどの職業に就くことが禁止されていた為、**キリスト教徒たちから忌み嫌われていた、利子を取り扱う職業である、高利貸し（質屋）や金塊の保管人、両替商（貿易決済業）**などで**生計**を立てていきました。

元々、ユダヤ教もキリスト教もイスラム教も、利子を徴収することは原則として禁じられていたようですが、ユダヤ教徒だけは、異教徒から利子を徴収することを許されていたようです。

異教徒には何をしても良いというような、行き過ぎた選民思想が背景にあったのかも知れません。

ユダヤ民族は、迫害・弾圧を受けて、世界中に離散して行く運命を辿ったのですが、この離散状態を生かして、貿易決済業に携わるようになり、為替技術を発達させ、様々な金融システムを構築していくようになります。

迫害・弾圧を受けてきたユダヤ民族の宿命というものが、現在の金融システムを生み出す元になったとも言えるかも知れません。

ユダヤ民族が、迫害・弾圧を受けて世界中に広がって行き、お金（マネー）を支配するようになったのは、ユダヤが持つ、水の働き「二」によるものなのです。

今、世界の水（＝お金、情報）が、一部の金融ユダヤ人たちによって支配されているのは、神の経綸の一部でもあるのです。

そして、**日本が持つ、火の働き「｜」が本格化し、天に向かって力強く昇って行った時、天と地とが一つに繋がり、「天の王国」が地上に実現する**ことになります。

日本がユダヤを包み込み、抱き参らせ、天と地とを一つに繋げて、**「神『十』の王国」**とでも呼ぶべき地上天国を花開かせることが出来るのは、**日本が古代ユダヤの最も正統な血筋・霊統を受け継いでいるから**なのです。

「かごめ」の歌は、何通りにも読めると申しましたが、ヘブライ語でも読めるようです。

「かごめ」の歌をヘブライ語で読むと、古代ユダヤの秘宝「契約の箱」に関する歌になり、「契約の箱」を守り、安置せよと言っているようです。

古代ユダヤの秘宝「契約の箱」が日本に辿り着いて、何処かに隠されているという古くからの言い伝えがありますが、**東洋の「日出づる神国」、「霊《ひ》ノ元」日本は、古代ユダヤの最も正統な血筋・霊統を受け継いでいるのであり、これは、神の経綸によるものなのです。**

日本の国歌「君が代」をヘブライ語で解釈すると・・・

日本の国歌である「君が代」も不思議な歌です。

「君が代」の歌詞は、『古今和歌集』に収められている、詠み人知らずの和歌が元になっていますが、始まりの「我が君は」を「君が代」に変えて国歌とされています。

「君が代」とは、本当は、「神の代」ということを意味しています。

「神『十』の王国」を実現させて、「神の時代」とも言うべき「至福千年王国」を花開かせる使命・役割を担った、私たち日本人にふさわしい国歌なのです。

日本の国歌「君が代」も、国旗「日の丸」も、この世的には人間の手で作られていますが、そこには、天意とも言うべきエロヒムの意図が隠されています。

「君が代」も、ヘブライ語で読めるようです。

【日本語】	【ヘブライ語】	【訳】
君が代は	クム・ガ・ヨワ	立ち上がり神を讃えよ
千代に	チヨニ	シオンの民

八千代に　ヤ・チヨニ　神の選民
さざれ石の　ササレー・イシィノ　喜べ残された民よ　救われよ
巌となりて　イワオト・ナリタ　神の印（預言）は成就した
苔のむすまで　コ（ル）カノ・ムーシューマッテ　全地に語れ

訳だけだと少し分かりづらいので、歌詞風にするなら
「立ち上がり神を讃えよ　神に選ばれしイスラエルの民よ　喜べ残された人々　救われよ　神の預言は成就した　これを全地に知らしめよ」という感じになるようです。
（おたくま経済新聞二〇一四年一一月二〇日の記事よりヘブライ語解釈を引用）

「シオン」とは、イスラエルの首都エルサレム近郊の聖なる丘の名前ですが、京都の「祇園」とは「シオン」が訛ったものだとも言われています。
大洪水後、「ノアの箱舟」が初めてアララト山の上に止まったとされる**ユダヤ暦の七月一七日、古代イスラエルでは「シオン祭」で巡行の祭り**が行われ、古代ユダヤの聖なる記念日を盛大に祝っていました。

現在、古代イスラエルから数千キロメートル離れた日本の京都で、**祇園祭が行われており、グレゴリオ暦の七月一七日に、ハイライトである山鉾巡行**が行われて、この古代ユダヤの聖なる記念日を盛大に祝っていますが、祇園祭のルーツは、古代イスラエルの「シオン祭」にあると思われます。

祇園祭山鉾連合会の理事長が、**「祇園祭はユダヤの文明と同じ」**であると、テレビ番組で語っておられましたが、日本は古代ユダヤと深く密接な繋がりがあります。

七月一七日、四国の剣山では、剣山神社本宮大祭が行われて、お神輿を剣山山頂まで運ぶ儀式が執り行われますが、**お神輿は、古代ユダヤの秘宝「契約の箱」がモデル**だとも言われています。

「失われた聖櫃《せいひつ》（アーク）」とも言われる、古代ユダヤの秘宝「契約の箱」は、四国の剣山に隠されているという、古くからの言い伝えがあります。

日本と古代ユダヤの深いつながりを知る上で、**「イスラエルの失われた十支族」**の存在は、避けて通れないものとなります。

イスラエルの失われた十支族

「イスラエルの失われた十支族」と呼ばれる人々がいます。

今から、三千年程前、古代イスラエル王国では、統一イスラエル王国を樹立したダビデ王の子であるソロモン王が、栄華を極めていました。

しかし、紀元前九三一年頃のソロモン王の死後、イスラエル王国は、北王国のイスラエル王国（十支族）と、南王国のユダ王国（二支族）に分裂しました。

そして、紀元前七二二年には、北王国のイスラエル王国が滅亡し、**そこにいたイスラエルの十支族は、その後、歴史上から消息を絶ちました。**

これが有名な、「イスラエルの失われた十支族」と呼ばれる人々のことです。

そして、**「イスラエルの失われた十支族」は日本に辿り着いた**という説があり、日ユ同祖論とも呼ばれています。

イスラエルに**「アミシャブ」**という調査機関があり、「イスラエルの失われた十支族」の行方を調査していますが、その**有力な候補地の一つが、日本**なのです。

「アミシャブ」の代表が、調査の為に来日して、長野県にある諏訪大社に参拝されている様子が、テレビ番組でも放送されたことがあります。

ちなみに、**諏訪大社と古代ユダヤには、深い関係**があります。

諏訪大社の御神体山である「モリヤ（守屋）山」というのは、旧約聖書『創世記』に出て来る「イサク伝承」の舞台となった「モリヤ山」と同じ名前であり、諏訪大社の「御頭祭」は、「イサク伝承」と瓜二つです。

そして、「御頭祭」は、代々「モリヤ（守矢）家」が祭主として行ってきたとのことです。

また、諏訪大社の上社・本宮には、相撲の土俵が設置されていますが、相撲のルーツは、古代イスラエルに起源があるようです。

イサクの子であるヤコブが天使と格闘（相撲）して勝ったので、**「イスラエル（神と戦い勝った者）」という称号**が与えられたのですが、ヤコブを指す言葉として「シュモー」、または「スモウ」というヘブライ語が聖書に書かれており、この辺りの故事がルーツになっているようです。

こうして**イスラエルの祖となったヤコブの息子たちから、十二の支族**が生まれ、その中の、北イスラエル王国にいた十支族が、その後、歴史上から消息を絶って、「イスラエルの失われた十支族」と呼ばれるようになりました。

また、南ユダ王国（二支族）も、紀元前五八六年には新バビロニアによって陥落し、首都エルサレムとエルサレム神殿は破壊されてしまいました。

北イスラエル王国の「失われた十支族」だけではなく、南ユダ王国の一部の人々も、古代ユダヤ民族にとっての「ユートピア」である「東方の日出づる国」を目指して、日本に辿り着いた可能性があります。

大陸からの謎の渡来人である**秦氏**は、「イスラエルの失われた十支族」ではないかと言われていますが、南ユダ王国のユダ族も合流していた可能性があります。

桓武天皇が行った、京都の平安京建設には、**秦氏**が深く関わったとされており、**「平安京」とは、ヘブライ語で「エル・シャローム」**、即ち、イスラエルの首都エルサレムを表す言葉のようです。

南王国の首都がエルサレムだったので、南王国が陥落し、首都エルサレムを破壊されてしまった南ユダ王国の人々が、「ユートピア」である「東方の日出づる国」で、彼らにとっての「エルサレム」を建設したのかも知れません。

そして、**平安京遷都の直後に、京都で祇園祭が行われるようになった**ようです。

東洋の一番東にある、「日出づる神国」、「霊《ひ》ノ元」日本は、何千年にも亘って、大陸からの渡来人たちの影響を強く受けてきたのであり、**「大和の国」日本には、古代ユダヤの影響**が色濃く残っています。

「東方の日出づる国」は、古代のユダヤ民族にとって、「ユートピア」を意味する言葉だったようです。

そして、これは、エロヒムの大いなる計画によるものなのです。

神武三千年の神計り

この二一世紀に実現する、「至福千年王国」は、ここ日本から花開きます。

これは、太古の昔から決まっていた天のプログラムであり、東洋の「日出づる神国」、「霊《ひ》ノ元」日本は、その為に用意されてきた国であり、民族なのです。

私たち日本人が、この二一世紀に、地球の新たな精神文明「花咲く都・黄金文明」を花開かせて、「至福千年王国」を実現させることが出来るように、人類の歴史で言うと、**約三千年に亘って、天の用意周到な計画が、神界のプログラムとして発動してきました。**

これを、**「神武三千年の神計り」**と言います。

「至福千年王国」実現の為の、大きな基礎が築かれたのが、約三千年前なのです。初代天皇である、神武天皇即位紀元（皇紀）とされているのが、紀元前六六〇年です。

三千年近く前に、日本が建国されたということになっているのですが、丁度三千年程前、古代イスラエルにおいては、**ダビデ王によって統一イスラエル王国が樹立**され、ダビデ王の子であるソロモン王が跡を継ぎ、**「ソロモンの栄華」**と呼ばれるような繁栄を謳歌していました。

ソロモン王は、モーゼがエロヒムからの指示に従って作った「会見の幕屋」をモデルにして、豪華な**エルサレム神殿**を建て、その中に、古代ユダヤの秘宝である**「契約の箱」**を安置していました。

実は、ソロモン王が建てた豪華なエルサレム神殿とは、創造者であるエロヒムを歓待する為の神殿でした。

エロヒムを歓待する為に建てられた最初の住居が、エルサレム神殿だったのであり、ソロモン王はここで、ヤーウェに謁見していたのです。

「主の栄光が主の神殿に満ちたからである。
ソロモンはそのときこう言った。
『主は、密雲の中にとどまる、と仰せになった。
荘厳な神殿を

いつの世にもとどまっていただける聖所を
わたしはあなたのために建てました。』」（『列王記上』第8章・第11～13章）

実は、古代ユダヤの秘宝「契約の箱」の中には、エロヒムと通信する為の送受信機が入っていたようです。

モーゼがヤーウェから授かった、「十戒が書かれた石板」とは、単なる二枚の石板などではなく、エロヒムと通信する為の送受信機であり、それは、**特殊な原子炉を持つ送受信機**なので、取り扱い方を誤ると、感電死したり放射能を浴びてしまうので、注意が必要でした。

かつて、「契約の箱」がお神輿のように担がれて移動していた時には、危険なので一キロメートル近い距離を取るように指示されていたようです。

「契約の箱との間には約二千アンマ（九〇〇メートル）の距離をとり、それ以上近寄ってはならない。」（『ヨシュア記』第3章・第4節）

「契約の箱」の操作に注意しなかった人々が、感電死したり、放射能を浴びて腫れ物

が出来る等の被害を受けた様子が、『サムエル記上・下』に書かれています。

「箱が移されて来ると、主の御手がその町に甚だしい恐慌を引き起こした。町の住民は、小さい者から大きい者までも打たれ、はれ物が彼らの間に広がった。」（『サムエル記上』第5章・第9節）

「主はベト・シェメシュの人々を打たれた。主の箱の中をのぞいたからである。主は五万のうち七十人の民を打たれた。主が民に大きな打撃を与えられたので、民は喪に服した。」（『サムエル記上』第6章・第19節）

「牛がよろめいたので、ウザは神の箱の方に手を伸ばし、箱を押さえた。ウザに対して主は怒りを発し、この過失のゆえに神はその場で彼を打たれた。ウザは神の箱の傍らで死んだ。」（『サムエル記下』第6章・第6・7節）

古代ユダヤの秘宝「契約の箱」は、後の時代に失われてしまい、行方が分からなくなってしまいましたが、四国の剣山に眠っているとも言われています。

栄華を極めたソロモン王によって建てられた、エロヒムを歓待する為の最初の住居であるエルサレム神殿は、その後、歴史の変遷の中で、破壊されてしまいますが、三千年の時を経て、古代ユダヤ人が夢見た「ユートピア」である、「東方の日出づる国」日本において、「第三神殿」として復活することになります。

将来、日本に建設される、エロヒムを迎える為の大使館が、「第三神殿」となるのです。

「ソロモンの栄華」と呼ばれる程の繁栄を謳歌したイスラエル王国は、紀元前九三一年頃のソロモン王の死後、北王国のイスラエル王国（十支族）と、南王国のユダ王国（二支族）に分裂しました。

そして、紀元前七二二年には、北王国のイスラエル王国が滅亡し、そこにいたイスラエルの十支族は、その後、歴史上から消息を絶ちました。

これが、「イスラエルの失われた十支族」と呼ばれる人々のことなのです。

そして、**「イスラエルの失われた十支族」は、日本に辿り着いた**とも言われています。

紀元前七二二年の北王国イスラエル王国の滅亡、そして十支族が消息を絶ってから、約六〇年後に、我が国日本において、初代天皇神武天皇が即位され、神国日本が建国されたということになります。

神武天皇の称号は、「カム・ヤマト・イワレ・ビコ・スメラ・ミコト」（神倭伊波礼毘古命）と言いますが、日本語では、満足な説明が出来ないようです。

しかし、ヨセフ・アイデルバーグ氏によれば、ヘブライ語だと、**「サマリアの皇帝、神のヘブライ民族の高尚な創設者」**という意味に読めるそうです。

サマリアとは、北王国イスラエル王国の首都だった場所です。

そして、私たち日本人や日本国を表す「ニホン」という言葉自体も、アイデルバーグ氏によれば、**「聖書の信奉者」**という意味になるようです。

もし、大和朝廷の成立が、皇紀元年とされる紀元前六六〇年だったとすれば、北王国イスラエル王国の皇帝が、「東方の日出づる国」に辿り着き、数十年の時を経て、神国日本を建国したのだとも考えられます。

ただし、日本の建国の時期が、本当に紀元前六六〇年なのかは確かではなく、もっと後の時期だとする説もあります。

マーヴィン・トケイヤー氏は、アイデルバーグ氏の見解について、確かに、そう読もうと思えば読めるとした上で、次のように書いています。

「ただし、たとえそうだとしても、これは必ずしも神武天皇が実際にサマリアの王、すなわちイスラエル十部族の王であったという意味にとる必要はない。

むしろイスラエル十部族の王系の人々の日本への到来の記憶が、神武天皇の伝説の中に取り入れられた、ということなのかも知れない」。

もし、大和朝廷の成立時期が、紀元前六六〇年ではなく、もっと後であったとすれば、トケイヤー氏の言うように、**イスラエル十部族の王系の人々の日本への到来の記憶が、神武天皇の伝説の中に取り入れられているとも考えられます。**

また、「イスラエルの失われた十支族」である北王国の王系の人たちだけではなく、南ユダ王国の王系の人たちも、「ユートピア」である「東方の日出づる国」日本にやって来て、何らかの形で日本の建国に関わっている筈です。

何故なら、ダビデの王統を受け継ぐ者はユダ族であり、**ダビデの王統は、永久に続くとエロヒムから約束された特別な血筋・霊統**だからです。

この二一世紀に、人類の黄金時代の幕を開け、「至福千年王国」を花開かせるのは、東洋の「日出づる神国」、「霊《ひ》ノ元」日本なので、**ユダ族が持つダビデの王統は、必ず日本に受け継がれる必要がある**からです。

ソロモン王の死後、北イスラエル王国（十支族）と南ユダ王国（二支族）に分裂してしまったイスラエル王国は、**古代ユダヤ民族にとっての「ユートピア」である「東方の日出づる国」日本において、合流している筈です。**

応神天皇の時代に大挙して渡来して来た秦氏には、南ユダ王国のユダ族も含まれていたかも知れません。

秦氏の多大な貢献によって建設された、京都の平安京とは、**古代ユダヤ民族にとってのエルサレム**だったのかも知れません。

そして、**南ユダ王国の最も正統な血筋・霊統、ダビデの王統**は、何らかの形で必ずや、現在の天皇家に受け継がれている筈です。

何故なら、この二一世紀において、「第三神殿」とも言うべき、エロヒムを迎える為の大使館が日本に建設されて、エロヒムの偉大なる帰還が実現し、「至福千年王国」

がこの日本から花開くからです。
天（エロヒム）と地（日本）とを繋ぐ日本の祭司長が天皇なので、現在の天皇家には必ずや、**ダビデ王の正統な血筋・霊統が受け継がれている筈**なのです。

今から三千年前、ダビデ王によって統一イスラエル王国が樹立され、ダビデ王の子・ソロモン王の時代に栄華を極め、創造者であるエロヒムを歓待する為の最初の住居であるエルサレム神殿が建設されて、「契約の箱」が安置されていた、古代ユダヤの最も正統な血筋・霊統は、神国日本の建国の元になっているとともに、三千年経った今でも、現在の天皇家の中に脈々と受け継がれています。

「大和の国」日本の天皇家には、古代ユダヤの最も正統な血筋・霊統、ダビデの王統が受け継がれています。

これは、**「神武三千年の神計り」**のとても大切なところなのです。

火の働き「｜」と水の働き「一」を統合した「十」は、「神」を表すと書きましたが、**「イスラエルの失われた十支族」というのは、「神『十』が失われた」という型示**

しになっています。

北王国イスラエル王国が、九支族でも十一支族でもなく、ピッタリ「十」**支族**であり、しかも、歴史上から消息を絶って、三千年近く経った今でも、はっきりとした行方が分からないのは、神の経綸であり、神計りなのです。

そして、イスラエルという王国の名前も、ヤコブが天使と格闘（相撲）して勝ったので、「イスラエル（神と戦って勝った者）」という称号が与えられました。

「エル」という言葉は「神」の称号でもありますので、**ヤコブは「イスラエル」という神の称号を賜った**のであり、「イスラエル」という名前そのものが、「神『十』」を表しています。

「イスラエルの失われた十支族」という言葉そのものが、「神『十』が失われた」ということを意味しており、しかも、三千年近く経った今でも、まだ行方が分からないというのは、**「失われた神『十』」が、失われたままであり、まだ復活していない**ということを表しています。

そして、「失われた神『十』」は、「大和の国」日本において、復活するのです。

何故、「イスラエルの失われた十支族」が日本に辿り着いたと言われているのかの真の意味は、**「失われた神『十』」は、東洋の「日出づる神国」、「霊《ひ》ノ元」日本において、復活するからなのであり、これは、「神武三千年の神計り」によるものなのです。**

「イスラエルの失われた十支族」というのは、単に、歴史上のある民族の話というだけではなく、神の経綸における、**「神『十』が失われた」という型示し**になっています。

三千年前、ダビデ王によって統一イスラエル王国が樹立され、ダビデ王の子・ソロモン王が跡を継ぎ、「ソロモンの栄華」と呼ばれるような繁栄を謳歌していました。

ソロモン王は、エロヒムを歓待する為の最初の住居であるエルサレム神殿を建設して、そこでヤーウェに謁見していました。

そして、**古代ユダヤの秘宝「契約の箱」を神殿の中に安置**し、その中には、エロヒムと通信する為の送受信機が収められていました。

その時、天（エロヒム）と地（地球）とが繋がる、最初の型が出されていたのです。

しかし、それはあくまでも、**「仮型」（仮の形）**であり、「真型」（真の形）ではありませんでした。

三千年前は、科学も発達しておらず、地球が一つに纏まって、人類の真の黄金時代を実現出来るような時代ではなかったからです。

しかし、私たち人類は今、全てを科学的に理解し、科学の恩恵によって真の黄金時代を実現出来るような時代を迎えたのです。

三千年前、古代イスラエル王国で出された、エルサレム神殿という「仮型」（仮の形）は、三千年の熟成期間を経て、**エロヒムを迎える為の大使館という「真型」（真の形）として、この日本において復活し、蘇るのです。**

エロヒムを迎える為の大使館が日本に建設されて、エロヒムの偉大なる帰還が実現した時、**天（エロヒム）と地（地球）とが真に繋がる、真の黄金時代が幕開けします。**

ヤーウェたちエロヒムが宇宙船に乗って地球を公式に訪問する時代が到来し、イエス・キリストも再臨するのです。

その時私たちは、「神『十』」とは、無形の超自然の全能の存在などではなく、エロヒムという異星人、つまり私たちと同じ人間であり、**私たち人類もまた、科学の偉大な秘密により、創造者、即ち、「神『十』」になれるのだということを自覚するのです。**

この時、「神『十』」が復活します。

「イスラエルの失われた十支族」という型で示されていた、「失われた神『十』」が、この日本において復活するのです。

「神『十』の王国」とも言うべき、「至福千年王国」が花開き、私たち人類は、真の黄金時代を迎えます。

三千年前、古代イスラエル王国で花開いた、古代ユダヤの最も正統な血筋・霊統は、東洋の「日出づる神国」、「霊《ひ》ノ元」日本に受け継がれ、「大和の国」日本の中で熟成されて、三千年の時を経た今蘇り、「至福千年王国」となって花開くことになります。

「神武三千年の神計り」が、成就する時を迎えるのです。

エロヒムを迎える為の大使館が建設される場所としては、いくつかの候補地が考えられます。

「第三神殿」とも言うべき、エロヒムを迎える為の大使館が建設される場所は、特別な聖地となりますので、その候補地としては、霊峰富士周辺、沖縄、広島、京都などが、可能性として考えられます。

霊峰富士というのは、東洋の「日出づる神国」、「霊ノ元」日本の象徴となりますので、霊峰富士周辺に大使館が建設されるのは、とてもふさわしいのかも知れません。

また、沖縄という場所も、創造者エロヒムととても関係の深い場所となっています。皇室の祖神とされる天照大御神のモデルは、日本に最初に降り立ったエロヒムの女性であり、沖縄の創世神話では、アマミキヨと呼ばれています。

二度と核兵器が使用されることの無い、地球の恒久平和を象徴する場所として、広島に建設される可能性も考えられます。

今から一二〇〇年前、古代ユダヤ民族にとってのエルサレムである平安京が建設された京都が、**聖なる都「新しきエルサレム」**として花開く可能性も考えられます。

いずれにしても、エロヒムを迎える為の大使館が建設される場所は、特別な聖地となって花開き、「至福千年王国」の中心地として繁栄することになります。

皇室の祖神・天照大御神

日本の皇室の祖神とされているのが、伊勢神宮で祀られている、天照大御神です。**アマテラスとは、実は、地球に来ていたエロヒムの中の、一人の女性エロハがモデルになっています。**

その女性エロハが最初に降り立った場所が、沖縄であり、**沖縄の創世神話では、アマミキヨ**と呼ばれています。

沖縄の創世神話では、**ニライカナイ（東の果てにあると言われる神の国、理想郷）**からやって来て久高島に降り立ったアマミキヨが、沖縄の創世神とされています。

日本の皇室の祖神アマテラスとは、日本にやって来た、一人の女性エロハなのです。

天皇は、天（エロヒム）と地（日本）を繋ぐ、日本の祭司長になります。

エロヒムが親であり、天皇が子供という関係になっており、日本の中では、天皇が親であり、一般の民は子供という関係になっています。

「失われたアーク」伝説の剣山と、封印された四国（死国）

古代ユダヤの秘宝「契約の箱」は、「失われたアーク」伝説として、ハリソン・フォード主演の映画「レイダース　失われたアーク」にも登場しましたが、**四国の剣山に眠っているという、古くからの言い伝えがあります。**

「ノアの箱舟」が、アララト山の上に着いたとされる、**ユダヤ暦の七月一七日、古代イスラエルにおいては、「シオン祭」で巡行の祭り**が行われ、古代ユダヤの聖なる記念日を盛大に祝っていました。

そして、数千キロ離れた日本の京都では、数千年経った今でも、**グレゴリオ暦の七月一七日に祇園祭の山鉾巡行**が行われて、古代ユダヤの聖なる記念日を盛大に祝っています。

そして、四国徳島の剣山においても、**七月一七日に剣山神社本宮大祭が行われ、お神輿を剣山山頂まで運ぶ儀式**が行われますが、お神輿は「契約の箱」がモデルだとも言われています。

剣山は、人口の山とも言われており、山頂には、**宝蔵石**と呼ばれる巨大な石があり、山頂付近には、**鶴石**と**亀石**と呼ばれる巨石もあり、不思議な感じがする山です。

剣山は、「鶴亀（つるぎ）」山にも通じるものがあり、**鶴（日本）と亀（ユダヤ）とのハーモニーが織り成す、とても重要な聖地なのかも知れません。**

弘法大師空海が、四国八十八箇所霊場を開いたのは、**剣山に人が近付かないように結界を張り巡らせた**のだとも言われており、札所からは剣山が見えないように配慮されているようです。

四国は、「死国（しこく）」として封印される運命にあったようです。

そして、剣山がある阿波の国・徳島には、日本の原型のようなものがあったようです。

阿波の国・徳島は日本の原型

古代ユダヤの秘宝「契約の箱」が眠るとされる剣山に、弘法大師空海が四国八十八箇所霊場を開いて結界を張り巡らせたことにより、**四国は「死国（しこく）」として封印される**ことになりました。

そして、**剣山がある阿波の国・徳島も、それ以前の時代に封印されて、歴史の表舞台から姿を消しており、**代わりに表舞台に現れるのが、奈良の大和地方のようです。

大和心・大和魂・大和民族・大和の国と言うように、私たち日本人や日本国を表す「大和」という言葉は、元々、奈良の大和地方を表す言葉だったようですが、**奈良の大和地方が歴史の表舞台に登場する前の、原型のようなものが阿波の国・徳島にあり、それが封印されてしまったようです。**

阿波の国・徳島は、日本の原型とも言える場所のようです。

古事記では、オノゴロ島に降り立ったイザナギとイザナミが、最初に生んだ所が、淡路之穂之狭分島《あわぢのほのさわけのしま》（淡路島）であり、次に生んだのが、伊予之二名島《いよのふたなのしま》（四国）でした。

その次に、隠岐島、九州、壱岐、対馬、佐渡島、畿内の順番で、大八島を作ったとされています。

古事記に書かれた国生み神話の範囲は、四国・九州・畿内などに限られており、最初に淡路島、次に四国を生んだと書かれていることからも、四国が最も古い歴史を有していると考えられます。

剣山がある阿波の国・徳島は、古事記では**粟国**《あはのくに》と呼ばれ、別名を**大宣都比売**《おおげつひめ》と言いますが、大宣都比売《おおげつひめ》は、粟・稗など五穀を司る食物の神とされています。

「アワ」とは、日本語五十音の「ア〜ワ」行にも通じるものがあり、**「アワ」とは、かつては太陽を意味する言葉でもあったようですので、「アワの国」とは、「太陽の国」でもあり、太古の昔は日本の中心地**でもあったのかも知れません。

「淡路」という言葉は「アワへの路」とも感じられます。

また、「アワ」という言葉は、淡路島と阿波の国との間にある鳴門海峡の「泡」、即ち、鳴門海峡の渦巻きをも連想させます。

阿波の国・徳島は、天皇家とも繋がりがあります。

新しい天皇が誕生した時に行われる重要な儀式「**大嘗祭**」では、「**アラタエ**」と呼ばれる、麻で出来た神衣が用いられますが、その麻を栽培しているのが、木屋平村にある三木家であり、忌部氏の末裔であるとされています。

「**大嘗祭」で使われる麻が、忌部氏の子孫である三木家によって作られてきた**ということからも、天皇家と阿波の国・徳島との関係性を窺い知ることが出来ます。

三木は「三ツ木」が語源であり、「**ヒツギ**」が訛ったものだとも言われています。

皇太子のことを**日嗣皇子（ヒツギノミコ）**と言い、皇位のことを**天津日嗣（アマツヒツギ）**と言いますが、そのこととも関係しているのかも知れません。

また、「ヒツギ」とは、「**契約の櫃**《ひつぎ》」と関係している可能性もあります。

三木家のある木屋平村から穴吹川を下った、隣町の穴吹町には白人神社があり、そのすぐそばの神明神社には、古代ユダヤと同じような、石造りの磐境があります。

かつてのイスラエル駐日大使であったエリ・コーヘン氏が、調査の為にこの磐境を訪れている様子が、テレビ番組で放送されたことがあります。

コーヘン氏は、その形や大きさを見てユダヤの礼拝所と同じであることに驚愕し、近辺に**「アーク（聖櫃《せいひつ》）」**もある筈だと語ったそうです。

忌部神社で祀られている御祭神・天日鷲命《あめのひわしのみこと》が、天磐船に乗って種穂山に降り立ち、麻と梶、粟など五穀の種を授けたと言われています。

天日鷲や天磐船という言葉は、エロヒムの宇宙船をイメージさせる言葉です。

阿波の国一宮である大麻比古神社は、天日鷲命《あめのひわしのみこと》の祖先とされる天太玉命を大麻比古大神として祀っていますが、神武天皇の時代に、忌部氏が麻や梶を植えて阿波の国の産業を開拓していったことと関係があるようです。

忌部神社の御祭神・天日鷲命《あめのひわしのみこと》は、「麻植《おえ》の神」として神徳を称えられたとのことで、種穂山がある場所は、麻植《おえ》郡という地名になっています。

神棚にお祀りする、伊勢神宮の神札を神宮大麻と呼びますが、**神道と麻とは関係があります。**

伊勢神宮の御祭神は、皇室の祖神・天照大御神であり、新しい天皇が誕生した時に行われる重要な儀式「大嘗祭」で用いられる麻が、忌部氏の末裔である三木家によって、木屋平村で代々作られてきたことからも、天皇家と阿波の国・徳島との古くからある繋がり・関係性を窺い知ることが出来ます。

剣山の登山口がある見ノ越から、徳島市方面へ東に下った所が、三木家のある木屋平村であり、その隣が神山町です。

神山町や木屋平村、その周辺地域には、古代ロマンが息づいています。

神山町の中心部は神領という地名ですが、**神山町神領**という地名そのものが、何かを暗示しているような感じさえあります。

かつて、神山町は「大粟」と呼ばれていたようなので、「アワ」が太陽をも意味していたとすれば、**「偉大なる太陽」を意味する聖域**だったのかも知れません。

神山町神領には、粟国の別名である大宣都比売《おおげつひめ》を祀る、上一宮大粟神社がありますが、上一宮大粟神社は、阿波の国一宮にもなっています。

古事記では、大宣都比売《おおげつひめ》はスサノオに殺されてしまいますが、その時に、大宣都比売《おおげつひめ》の体から、粟や稲など五穀の種が生まれたとして、五穀の起源が書かれています。

私は、大宣都比売《おおげつひめ》が殺されたという表現の中には、阿波の国が封印されたということも暗示されていると思います。

神山町神領にある高根山悲願寺は、**邪馬台国の女王卑弥呼の居城**だったという説もあります。

神山町との境界線に割と近い、徳島市の気延山には、天石戸別八倉比売《あめのいわとわけやくらひめ》神社がありますが、神社の背後にある祭壇が、**卑弥呼の墓**だとも言われています。

天石戸別八倉比売《あめのいわとわけやくらひめ》神社の御祭神は、オオヒルメであり、天照大御神の別名になります。

天石戸別八倉比売《あめのいわとわけやくらひめ》神社は、由緒書きによると、御神格は正一位、延喜式内明神大社となっており、阿波の国一宮でもあります。

小高い山の頂上付近にひっそりと佇んでいますが、大昔は、大麻比古神社、忌部神社と並んで、阿波の国で最も格式の高い神社だったようです。

また、剣山登山口の見ノ越から、北の方へ峠を下りた、つるぎ町一宇には、天磐戸神社があり、忌部神社の摂社であったとされています。

奥の院は、巨岩の岩戸で、岩戸のすぐ下には、神楽岩と呼ばれる大きな石があり、表面が平らで、畳十数畳程の広さがありますので、舞を踊ることが出来ます。

かつては、神代の時代から岩戸神楽が奉納されてきましたが、岩磐の上で舞う神楽は、日本唯一のものだとのことです。

古事記の中では、天岩戸開きの場面で、天香具山の真男鹿の肩など、天香具山で取れたものの名前が数回立て続けに出てきますので、天岩戸開きの舞台が大和三山の一つである天香具山であるかのような印象を受けてしまいますし、天香具山の麓には、天岩戸神社も建てられています。

九州の高千穂にも、岩戸伝説があり、天岩戸神社がありますが、**古事記に書かれている天岩戸開きの舞台は、阿波の国・徳島が原型**なのかも知れません。

神山町の元山には、天岩戸立岩神社があり、巨岩のイワクラが御神体となっていいます。

拝殿には、阿波古事記研究会の説明板が掲げられており、『阿波国風土記』の一節が紹介されています。

「空よりふり下りたる山の大きなるは
阿波の国にふり下りたるを、**天の元山**といい
その山のくだけて、大和の国にふりつきたるを
天香久山というとなんもうす」（『阿波国風土記』）

説明板には、「阿波国の風土記に書かれるように奈良県の香久山の天岩戸神社には、当神社の御神体と同形の御神体が天岩戸として祀られています」と書かれています。

つまり、阿波の国の元山が「元」であり、それが分かれて大和の国の天香具山になったということなのですが、**これは、奈良の大和のルーツが阿波の国・徳島であることを表しています。**

古事記に書かれている天岩戸開きの神話も、**伝説の舞台は阿波の国・徳島にある**のかも知れません。

古事記では、日本の国生みはイザナギ・イザナミの二神によって行われたとされていますが、イザナミを社名とする式内社は、美馬郡にある伊射奈美神社一社しか全国に無いというのも、興味深いものがあります。

阿波の国には、日本の原型となるものがあり、かつては「太陽の国」をも意味する中心地であったようですが、**それが意図的に封印されてしまい、歴史の表舞台から姿を消してしまったようです。**

阿波の国にあった大和朝廷は、忌部氏などが天皇家と協力して、**奈良の大和に遷都したようで、**地名にも共通するものが多く残っているようです。

奈良の大和のルーツは、阿波の国・徳島にあるということなのです。

その後、古事記・日本書紀など日本の歴史が編纂される時に、**阿波の国にあったルーツは封印され、歴史の表舞台から消えてしまったのです。**

そこまでして、阿波の国を封印しなければならなかった理由は、やはり、**天皇家と古代ユダヤとの間に、深い繋がりがあるから**なのかも知れません。

天皇家が、古代ユダヤの最も正統な血筋・霊統を受け継いでいることや、秘宝「契約の箱」が剣山に隠されている、というような秘密が外国に知られてしまったら、外国から侵略される危険が生じてきたので、**外敵から自国や秘宝を守る必要に迫られて、天皇家の出自を封印したのかも知れません。**

「敵を欺くには、まず味方から」ということだったのかも知れません。

何故、「イスラエルの失われた十支族」が歴史上から消息を絶って、三千年近く経った今でも行方が分からなくなっているのかということとも、関係がありそうです。

「イスラエルの失われた十支族」によって大和朝廷が誕生し、かつては阿波の国が元であり、ここが中心だったのですが、**大和朝廷が阿波の国を封印して歴史の表舞台から消してしまったから**なのです。

大和朝廷の勢力図がまだ日本全体に及んでいない早い段階で既に、**「イスラエルの失われた十支族」によって建国された日本の原型である阿波の国は、国内的にも封印されてしまったのです。**

そして、東洋の一番東にある島国日本の中で、悠久の時の中に「消滅」していき、行方が分からなくなったのです。

古代ユダヤ民族にとっての「ユートピア」である「東方の日出づる国」を目指して旅した「イスラエルの失われた十支族」は、**東洋の一番東にある最果ての地、島国日本の中で封印され、歴史上から姿を消していったのです。**

そして、これは、**エロヒムの大いなる計画**なのです。

太古の昔、阿波の国と、中東とを結ぶルートは、**大陸のシルクロード経由だけではなかったかも知れません。**

神山町と徳島市との境界近くにある、神山町歯の辻には、船盡《ふなはて》神社という、不思議な名前の神社があり、鮎喰川を挟んだ対岸には、船盡比売《ふなはてひめ》神社があります。

私が土地の古老から聞いた話では、船盡比売《ふなはてひめ》神社が遥拝所であり、昔は雨で増水すると対岸に渡れないので、ここから船盡《ふなはて》神社を遥拝していたとのことでした。

船盡《ふなはて》神社には、謎の古代文字で書かれた二本の幟《のぼり》「トウカミエヒタメ」と「スエキアワカミ」が伝わっています。

「船盡《ふなはて》」とは、「船が盡《つき》る」ということであり、**ここが古代における大陸からの船の終着場であった**とも考えられています。

鮎喰川は、徳島市内の河口近くで吉野川に合流する、大きな河川であり、古代、大陸からの大きな船は、ここまで入ることが出来たようです。

かつてソロモン王が貿易の時に使っていたタルシシュ船が、船盡《ふなはて》の地まで来ていたと考える地元の研究家もあります。

ソロモン王は、タルシシュ船と呼ばれる大規模な船団を組んで交易を行っており、インドまでは来ていたようですが、さらに東の日本にも来ていたのかも知れません。

詳しいことは分かりませんが、阿波の国に日本の原型があった時代、大陸からの船の最終到着地が船盡《ふなはて》の地となっていたようです。

何れにしても、日本の原型である阿波の国・徳島は封印されてしまい、歴史の表舞台からは姿を消してしまうことになりました。

阿波の国・徳島と四国にかけられた封印が開かれる時

かつて日本の原型であり、中心地であった阿波の国は、封印されてしまい、歴史の表舞台から姿を消すことになりました。

そして、阿波の国にある、「失われたアーク」伝説の剣山に、弘法大師空海が四国八十八箇所霊場を開いて結界を張り巡らせたことにより、四国そのものも、「死国（しこく）」として封印されることになりました。

空海が高野山を開いたことにより、「四国（死国）」は、ますます注目されなくなりましたが、**日本の原型である阿波の国と四国が封印されたことによって、日本は今まで守られてきたのです。**

弘法大師空海が果たした役割は、とても大きなものがあったのかも知れません。

今、阿波の国・徳島と四国にかけられた封印が開かれ、蘇る時を迎えています。

それは即ち、奈良の大和の蘇りの時でもあると言えるかも知れません。

そして、奈良の大和の中心である飛鳥（明日香）が蘇る時でもあるのです。

富士と飛鳥（明日香）

元々、阿波の国にあった大和朝廷は、奈良の大和地方に政権基盤を移し、奈良の大和が中心地となる時代を迎えるのですが、その後、古事記や日本書紀が編纂される時に、阿波の国のルーツは封印されてしまい、**奈良の大和が日本建国のルーツを担って、日本の原点として歴史の表舞台に登場する**ことになります。

大和の中心には飛鳥（明日香）がありますが、飛鳥（明日香）が果たした役割は、とても大きいと言えるかも知れません。

「霊《ひ》ノ元」日本の象徴である霊峰富士と、飛鳥（明日香）とは深い繋がりがあり、霊的に深く結び付いています。

飛鳥（明日香）のシンボルとも言える、石舞台の近くに、「日本の飛鳥から世界の飛鳥へ」という世界遺産登録を目指したキャッチフレーズが掲げてあるのを、旅の途中で目にしたことがあります。

もちろんこれは、あくまでも観光地としての飛鳥のことなのですが、実は、飛鳥

（明日香）という空間には、**「日本の飛鳥（明日香）から世界の飛鳥（明日香）へ」**と言ってもいいような、深い霊的な意味での役割のようなものがあります。

人類の黄金時代の扉を開き、「至福千年王国」の中心地となる日本の原点、建国の地としての役割を担う為に、**太古の昔からエロヒムが用意していた特別な聖域が、飛鳥（明日香）**であるような感じがします。

大和朝廷が、日本の原型である阿波の国から、奈良の大和へと遷都し、阿波の国にあった日本の原型を封印したことにより、**奈良の大和が日本の原点としての役割を担い、歴史の表舞台に立ってくれた**のです。

そのことにより、日本の原型・阿波の国は、歴史の表舞台から消えることが出来、天皇家の出自の秘密は封印されて、日本の国は守られてきました。

日本の原型である阿波の国を封印して、天皇家の出自を隠し、日本を外敵から守る役割を果たしてくれた聖地が、飛鳥（明日香）という空間なのです。

富士の夜明け、日本の夜明け、地球・世界の夜明けを迎える上で、**飛鳥（明日香）**

という空間に秘められた働きが必要になります。

「あすか」とは、飛鳥とも、明日香とも書きます。**明日の香りに向かって飛ぶ鳥、それが飛鳥（明日香）**なのかも知れません。

飛鳥（明日香）という空間は、今、長い年月の眠りから目覚め、蘇り、その本来の役割を果たす時を迎えています。

飛鳥（明日香）に秘められた封印が開かれ、飛翔する時を迎えています。

飛鳥（明日香）とは、二一世紀に人類の意識が飛躍的進化を遂げ、新たな黄金文明を迎える時、**その中心的役割を果たす日本人の霊性が蘇り、花開く時に現れて来る、聖なる空間のことです。**

「大和の国」日本

私たち日本人や日本国を表す言葉として、**「大和《やまと》」**という言葉が使われます。

「大和」という字は、おそらく、当て字だと思われ、元々は「倭」の字が使われたようですが、その後、「大倭」や「大和」の字も使われるようになり、次第に「大和」に落ち着いたようです。

何故、「やまと」と呼ばれるようになったのかについては、諸説あるようですが、その中には、**ヘブライ語アラム方言で「神の民」を意味する、「ヤ・ウマト」から来ているという説**もあるようです。

何故、「やまと」と呼ばれるようになったのか、そして、何故、「大和」という字が使われるようになったのかについては、おそらく誰にも確かなことは言えないとは思いますが、何れにしても、**日本人・日本国を表す言葉として、「大和《やまと》」という言葉が定着したのには、深い意味がある**のだと感じます。

元々、奈良地方を表す言葉だった「大和《やまと》」という言葉が、その後、大和心・大和魂・大和民族・大和の国というように、日本人・日本国全体を表す言葉になりました。

これから、私たち大和民族・大和の国が、遺伝子の中に眠る大和心・大和魂を発揮して、地球・世界に**大いなる和「大和《やまと》」**を実現させ、「至福千年王国」を花開かせることになるのです。

私たち大和民族・大和の国の霊性が蘇り、花開く時、**飛鳥（明日香）という聖なる空間も蘇り、世界へ向けて飛翔する**でしょう。

そして、**大いなる和のハーモニーが「地球交響楽」として奏でられる、「至福千年王国」を花開かせる**ことになるのです。

「大和《やまと》」・・・奈良→日本→地球・世界

大いなる和の心「大和心」

今、私たち日本人の遺伝子の中に眠る「大和心」が目覚め、蘇り、花開く時を迎えています。

大いなる和の心「大和心」こそが、これからの新しい地球を開き、地球の恒久平和、「至福千年王国」を実現させていくものだからです。

地球の新たな精神文明「花咲く都・黄金文明」は「大和の国」日本から花開きます。

そして、新しい地球を開く「大和心」は、一朝一夕に出来たものではなく、数千年の長い歳月をかけて、エロヒムの計画の元、準備され熟成されてきたものなのです。

私たち日本人や日本の国土は、大洪水後にルシファーたちによって、将来、世界の中心となるべき民族、そしてその国土として創造されました。

私たち日本人は、元々、**遺伝子レベルで、「和」の精神を持った民族として創造されているだけではなく、**その遺伝子が、数千年の熟成期間を経て、人類が黄金時代を迎える時に花開くように、**日本の国土も創られています。**

日本の国土は、北は北海道から、南は九州・沖縄まで、寒帯から熱帯までのあらゆる気候が凝縮されており、四方を海に囲まれ、緑も水も豊かで、きめ細やかな自然美に満ち溢れています。

そして、**東洋の一番東にある島国であり、尚且つ、大陸にも割と近い**為、大陸から様々なものを吸収しつつも、独自性を維持してくることが出来ました。

建国以来、二千数百年に亘って、一度も他国に取って代わられることなく、独自性を維持してくることが出来たのは、**東洋の一番東端にある島国としての地理的条件**も大きく、それによって、**日本は守られてきた**のです。

それにより、**万世一系の天皇家が二千数百年に亘って連綿と続いてきた**訳ですが、これは世界に類例が無く、これらの全てが、エロヒムの大いなる計画なのです。

元々、**遺伝子レベルで「和」の精神を持った特別な民族**が、世界で最も四季折々の自然が美しい、東洋の一番東にある島国の中で、一度も他国に取って代わられることなく、数千年の歳月をかけて、**独自の感性**を育んでくることが出来ました。

そして、大陸からも割と近い為、朝鮮半島などを経由して大陸から様々なものを受け入れ、取り込みながら、それらをブレンドさせつつ、進取の精神を養い、数千年に亘って、**世界に類を見ない独自の文化**を育んでくることが出来たのです。

大いなる和の心「大和心」も、**そういう中で、数千年の歳月をかけて、熟成されてきたものなのです。**

日本には昔、縄文時代と呼ばれる時代がありましたが、縄文時代は、ほとんど争いが無い、平和な時代であったと考えられているようです。

弥生時代に入ると、多くの**渡来人たち**が、大陸からやって来たと考えられます。

おそらくは、様々な争い・抗争を繰り返しながら、異質なものを受け入れ、取り込んで、元々あった独自のものとブレンド・融合させつつ、**奥行きの深い文化を育んできた**のだと考えられます。

仏教が最初に入って来た時には、仏教導入を巡って、仏教を取り入れようとする蘇我氏と、日本古来からの神道を守ろうとする物部氏という、豪族の間で、大きな戦いなどを経験した後に、その後、仏教を鎮護国家の基盤とする時代を迎えたりして、**神仏習合（神仏混淆《こんこう》）**が、明治の神仏分離令の時まで、長く続いたりしました。

長く続いた江戸時代の鎖国の後、開国して明治に入ると、西洋文明という、異質なものを積極的に取り入れ、欧米に追い付き追い越せという感じで、わずか短期間で、日清・日露戦争に勝利するなど、欧米列強の仲間入りをするまでの躍進ぶりを発揮したりしました。

広島と長崎に相次いで原爆を投下され、太平洋戦争に敗れて終戦を迎えると、戦争中は鬼畜米英と言って戦っていた相手国アメリカを受け入れ、一転して、ギブミーチヨコという感じで、**積極的にアメリカの工業技術・文化などを取り入れ、学び、**敗戦の焦土の中から、わずか半世紀足らずで、アメリカに次ぐ世界第二位の経済大国にまで発展しました。

日本人は、原爆を投下されたアメリカに対して、強く憎しみを抱くという感じでもなく、アメリカを受け入れ、技術や文化などを積極的に取り入れて、たくましく生きてきました。

日本人が、**原爆を投下されたアメリカ人に対して、強い憎しみを抱いていないとい**うことが、外国人の目には、とても不思議に映ったりするようです。

これは、数百年、数千年にも亘って続いている、宗教紛争、民族紛争などが存在する、この世界にあって、**稀有なこと**なのかも知れません。

二一世紀の新たな地球を開いていく私たち日本人は、その役割を果たせるように、数千年の長い歳月をかけて、**その資質を熟成させてきました。**

一人ひとりはそのことを意識出来なくても、**天の計画として、必要なプロセスを経験**し、準備は着々と整えられています。

今、私たち日本人の中に眠る遺伝子が目覚め、蘇り、花開く時を迎えています。

地球の恒久平和を願う、私たち日本人の「大和心」が花開いた時、地球・世界に大いなる和「大和《やまと》」が実現し、「至福千年王国」が花開くことになります。

日本人が持つ柔軟性・寛容さ

私たち日本人は、世界でも稀に見る、柔軟性と寛容さを併せ持った民族であると言えます。**大いなる和の心「大和心」を持つ大和民族ならではの、柔軟性と寛容さを身に付けているる**と言っても良いかも知れません。

私たち日本人は、初詣は神社に行き、お葬式はお寺で行い、年末になると、クリスチャンでもないのに、クリスマスを盛大に祝っています。

何の抵抗もなく、神道、仏教、キリスト教という、それぞれ違う宗教を生活の中に取り入れて生きており、多くの人たちは、そのことを意識すらしていないかも知れません。

これは、外国人、特に、一神教を信じる人々の目から見ると、理解し難いような、不思議な行動様式かもしれません。

しかし、**宗教というものに対して、まるで無節操と言っても良いような、日本人の**

この感性こそが、私たち日本人の中にある「大和心」の顕れでもあり、これからの地球・世界を導き、世界に必要とされる資質でもあるのです。

日本人が持つ「大和心」こそが、世界平和を実現させる仕組みになっています。

宗教に関して言うならば、明治の神仏分離令が出るまで盛んに行われていた、**神仏習合（神仏混淆《こんこう》）**は、注目に値します。

神道と仏教が、長い年月の間、仲良く共存してきたというのは、**とてもおおらかで、驚嘆すべきこと**なのかも知れません。

神仏習合は、日本だけに限られたことではなく、仏教が世界的に広まっていく過程で、土着の信仰と結び付いたりしているようですが、長い年月に亘って、全国的に、神仏習合が盛んに行われていたことには、**日本人が持つ「大和心」の特性**が、良く顕れていると思います。

海外の、一神教を信仰する人々は、ともすれば、自分たちが信じる特定の神だけを、唯一絶対の神と考え、他の宗教の神を否定しがちな傾向があるように感じます。

それに対して、私たち日本人は、古来、**八百万神**《やおよろずのかみ》を信仰してきており、様々な神々を信じることが出来る、**とてもおおらかな感性を持った、懐の深い民族**だと言えるかも知れません。

そして、この懐の深さも、一朝一夕に出来たものではなく、長い年月に亘って、エロヒムの計画として培われ、熟成されてきたものなのです。

宗教が違うというだけで、日常茶飯事のように争いが絶えない、この混迷する世界にあって、**大いなる和の心「大和心」を持つ私たち日本人こそが、世界平和を実現させる中心的役割を担う**ことになります。

私たち日本人は、地球の恒久平和を実現させ、「至福千年王国」を花開かせる為に、太古の昔から用意され、導かれてきた民族なのです。

神道（八百万神《やおよろずのかみ》）と、アニミズム（精霊信仰）

古来、日本の先住民である縄文人は、生きとし生ける全てのもの、即ち、万物には精霊が宿るという、**アニミズム**を信仰していたと言われています。

アニミズムとは、凡霊説、精霊信仰などと訳されていますが、私たち日本人の中には、こうした自然崇拝、精霊崇拝というものが、原点としてあったと考えられます。

その後、弥生時代には、海を渡って来た渡来人たちとの交流・融合・混血が進む中で、**八百万神《やおよろずのかみ》を信仰する神道という多神教が体系化されていき、私たち日本人の宗教観というものを、深く形成していった**のだと考えられます。

そして、神道というものが体系化されていく過程においては、**古代ユダヤ教というものが、深い影響を与えている**と考えられます。

私たち日本人は、神社に初詣に行き、お寺でお葬式を挙げ、クリスマスを祝い、日常生活の中に、神道、仏教、キリスト教を何気なく取り入れて生きています。

八百万神《やおよろずのかみ》を戴く神道という多神教を信仰する日本人の感性が、イエス・キリストや仏陀をも、八百万神《やおよろずのかみ》として受け入れられる、おおらかさ・包容力に繋がっているのかも知れません。

先住民である縄文人が信仰してきた**アニミズム**と、古代ユダヤ人を始め、大陸からの渡来人たちとの交流・融合・混血が進む中で体系化されていった、**八百万神《やおよろずのかみ》を戴く多神教である神道**というものが、二一世紀に生きる私たち日本人が、新しい地球の誕生に向けての中心的役割を果たしていく上で、大切な働きをしているのだと思われます。

神道のルーツは、古代ユダヤ教

神道のルーツは、古代ユダヤ教です。

それは、神社の構造や、使われ方にも表されています。

モーゼは、エロヒムからの指示に従って、エロヒムと会見する為の**「会見の幕屋」**を作りましたが、「会見の幕屋」は、ユダヤの礼拝所の基本スタイルとなりました。

ソロモン王は、「会見の幕屋」をモデルとして、エロヒムを歓待する為の最初の住居である**エルサレム神殿**を建設し、その中に秘宝「契約の箱」を安置しました。

日本の神社の構造は、モーゼが作った「会見の幕屋」とそっくりです。

日本の神社も、「会見の幕屋」も、入口にはそれぞれ、鳥居や門があり、中に入ると、手水舎や洗盤があり、その奥に神殿があるという同一の構造になっています。

そして神殿は、**日本の神社では「拝殿」と「本殿」の二つに分かれていますが、「会見の幕屋」も、「聖所」と「至聖書」の二つに分かれています。**

一般の人々が入れるのは「拝殿」の手前や「聖所」の手前までであり、同じです。

日本の神社では、「拝殿」の中には基本的に入ることは出来ず、神職のみが入れる場所であり、ましてや「本殿」には神職であっても特別な場合しか入ることは出来ません。

イスラエルの場合も、「聖所」には祭司しか入ることは出来ず、奥の「至聖所」には大祭司が年に一度だけ入ることが許されていました。

また、日本の神社の神職が着ている白い浄衣の両袖には、端に房（糸を複数垂らした飾り）が付いていますが、三千年以上前から続く古代ユダヤ教の習慣でも、祭司（ラビ）は房を付けていたようですし、房以外にも、神職の服装には共通点が見られます。

日本の神社の構造や使われ方、あるいは神職の服装などにも、**神道のルーツが古代ユダヤ教**であることが、表されています。

おそらくは、「イスラエルの失われた十支族」や、南ユダ王国の人たちによって、神道が形成されていったのだと思います。

その過程では、日本の先住民である縄文人が持っていたアニミズム、即ち、**自然崇**

拝や精霊崇拝の思想を取り入れ、融合させながら、八百万神《やおよろずのかみ》を戴く神道という多神教が形成されていったのだと考えられます。

ユダヤ教というのは、ヤーウェを唯一絶対の神とする一神教ですが、**一神教である古代ユダヤ教がベースとなって、八百万神《やおよろずのかみ》を戴く神道という多神教が形成されていったことは、驚嘆すべきこと**であり、エロヒムの大いなる計画なのです。

これは、私たち日本人が持つ、**大いなる和の心「大和心」**を形成する上において、とても大きな関係があり、私たち日本人の大和心こそが、**地球・世界に大いなる和「大和《やまと》」**を実現させ、「至福千年王国」を花開かせるものだからです。

一神教というのは、排他的であり、過激で危険な一面を持っています。

一神教は、自らが信じる神だけを唯一絶対のものとする為、他の宗教を否定しがちな傾向があり、排他的で過激な、危険な一面を持っています。

一神教の元になっているのは、**全知全能の唯一の神という概念**であり、自らが信じる全知全能の唯一の神を信じるあまり、他の宗教を否定しがちな傾向があり、そこには、**おおらかさ、「和」の精神が欠けています。**

全知全能の唯一の神への信仰心というものが、何千年にも亘って、多くの苦しみや死・悲劇の原因ともなってきました。

全能の神の名の元に、人々は何千年も、戦争や殺し合いを行ってきたのです。

ユダヤ教・キリスト教・イスラム教は一神教ですが、**それぞれの宗教が唯一絶対の神としているのは、エロヒムの惑星の不死会議の議長であるヤーウェ**のことなのです。

ユダヤ教もキリスト教もイスラム教も、ルーツは同じであり、本当は、ヤーウェという同じ存在を信仰の対象としているのですが、何千年にも亘って、異教徒との殺し合いが行われてきました。

自らが信じる唯一の全能の神の名の元に、聖戦（ジハード）などと言って、異教徒との殺し合いが、今でも中東などでは止むことがありません。

これらは、一神教が持っている、排他的で過激で危険な一面を物語っています。

日本の神道が、一神教である古代ユダヤ教をルーツとしながらも、八百万神《やおよろずのかみ》を戴く

多神教へと発展していったのは、驚くべきことであり、エロヒムの大いなる計画だと言わざるを得ません。

私たち日本人は、神社へ初詣に行き、お寺でお葬式を挙げ、クリスマスを盛大に祝って、**神道・仏教・キリスト教を生活の中に何気なく取り入れて生きています**が、一神教の人には理解しがたい、この不思議な行動様式は、驚嘆すべきものなのです。

八百万神《やおよろずのかみ》を戴く神道という多神教を信仰する日本人の感性というものが、**仏陀やキリストをも八百万神《やおよろずのかみ》の一柱として受け入れられる、おおらかさ・包容力**に繋がっているのかも知れません。

宗教に対して無節操とも思える、日本人のこの感性こそが、大和心の顕れでもあり、一神教の人たちにはとても真似の出来ない、おおらかさ、懐の深さなのです。

そして、**大いなる和の心「大和心」こそが、「至福千年王国」を花開かせる原動力**になるのであり、**「神武三千年の神計り」**によって、熟成されてきたものなのです。

この二一世紀において、近い将来、エロヒムを迎える為の大使館が日本に建設されて、エロヒムの偉大なる帰還が実現します。

その時、**ヤーウェに率いられて、モーゼや仏陀、イエス・キリスト、マホメットなどの古代の預言者たち**も、エロヒムの宇宙船に乗って、地球にやって来るのです。

有史始まって以来、**人類にとっての最大のイベントとも言うべき、「至福千年王国」の到来を実現させることが出来るのは、私たち日本人しかいません。**

私たち日本人・日本国は、その為に、太古の昔から用意されてきたのです。

ヤーウェという唯一神を信仰する古代ユダヤ教が、**古代ユダヤ民族にとっての「ユートピア」である「東方の日出づる国」日本の中で、八百万神《やおよろずのかみ》を戴く神道という多神教となって花開いた**ことは、驚嘆すべきことであり、とても奥深いものがあります。

神道（神道的新興宗教を除く）は、教祖もいなければ教典も無く、布教もしなければ、他の宗教を侵略するということもないのに、全国津々浦々、何処に行っても、神社があり、八百万神《やおよろずのかみ》が祀られています。

神道は、私たち日本人の中に深く浸透しており、**私たち日本人にとっての神道は、宗教という枠を超えた、もっと崇高なもの**なのかも知れません。

多くの日本人は、自分のことを無宗教だと考えていますが、ある意味においては、日本人の誰もが、神道の信者であるとも言えるかも知れません。

キリスト教は、世界人口の三〇パーセント近くを占める世界最大の宗教ですが、日本の中ではキリスト教徒は人口比で一～二パーセントしかおらず、先進国の中では、極端に少ないと言えます。

これは、キリスト教に対抗し得る存在として、**神道というものが、私たち日本人の中に深く根ざしているから**なのかも知れません。

様々な戒律を持つ一神教である古代ユダヤ教が、戒律やタブーも無くおおらかな、八百万神《やおよろずのかみ》を戴く多神教である神道へと花開いて、日本人の中に深く浸透したのは、まさに私たちが**大和民族**であり、この国が**大和の国**だからなのです。

そして、大いなる和の心「大和心」が、地球の恒久平和を実現させるのです。

そして、謎の神とされる**八幡大神も、実は、ヤーウェのこと**なのです。

神道における最高神である天御中主大神《あめのみなかぬし》とは、もろちん、ヤーウェのことです。

神社本庁の「全国祭祀祭礼総合調査」によれば、全国で七九三五五社ある神社のうち、**一番多いのが八幡神社**で、その数は七八一七社もあります。

二番目に多いのが、伊勢神宮など伊勢信仰の四四二五社になりますから、いかに八幡神社がダントツに多いかがお分かりいただけるかと思います。

八幡神社で祀られているのは、誉田別命《ほんだわけのみこと》こと応神天皇であり、その母・神功皇后、そして比売大神です。

知名度の高くない応神天皇が祀られている**八幡神社が、何故、ダントツで多いのかは、実はそこで祀られている本当の神は、ユダヤ教の唯一神ヤーウェだから**なのです。

八幡神社がここまでダントツで広がった背景には、渡来人である秦氏が深く関わっているようで、**秦氏には、南ユダ王国のユダ族が合流していた可能性**があります。

神社の入口には、狛犬が置かれていますが、狛犬は、日本にはいない獅子、即ちライオンのことであり、**ユダ族の紋章がライオン**でした。

秦氏は、**応神天皇の時代**に、弓月君に率いられて大挙して渡来して来たと伝えられていますが、**自分たちが信じる本当の神ヤーウェを、八幡大神として祀る**一方で、八幡大神を応神天皇に巧みに習合させて、日本文化の中に溶け込ませ、日本全国に浸透させていったのかも知れません。

神の経綸において、「応神」とは、「神の応用」という意味があるようです。

何れにしても、一神教である古代ユダヤ教が、**古代ユダヤ民族にとっての「ユートピア」である「東方の日出づる国」日本において、八百万神《やおよろずのかみ》を戴く多神教である神道へと花開き、**日本文化の中に深く浸透したことは、驚嘆すべきことであり、これはエロヒムの大いなる計画なのです。

全ては、「第三神殿」とも言うべき、エロヒムを迎える為の大使館がこの日本に建設されて、人類の黄金時代の扉が開き、「至福千年王国」を花開かせる為のものなのです。

言霊の幸《さきは》ふ国——日本語が果たす役割

この二一世紀に、私たち人類の意識は飛躍的進化を遂げ、新たな黄金時代を迎えることになりますが、人類の新たな意識は、私たち日本人によって創られ、それが全世界へ波及して行くことになります。

私たち日本人が、新たな意識を創る上において、重要な役割を果たすのが、母国語である日本語なのです。

日本語は、世界に類を見ない、ユニークな独特の言語だと言えます。

そして、日本人というか、日本語を母国語として話す人たちの脳の使い方は、他の言語を話す人たちとは違うようであり、ある種の感性が優れているようです。

日本語とヘブライ語の類似点については、色々と指摘されており、おそらく、話し言葉のベースになっているのは、ヘブライ語の影響が大きいのかも知れません。

そして、書き言葉については、漢字を導入し、その後、日本独自の仮名文字を発明し、「ひらがな」と「カタカナ」も用いるようになりました。

「カタカナ」は、ヘブライ文字とかなり似ていると指摘されています。日本語のベースになっているのは、**古代ヘブライ語**なのかも知れません。

何れにしても、世界に類を見ない、独特の言語である日本語というものが、数千年の歳月の中で、東洋の一番東にある、大和の国で形成されてきたのですが、**日本語という言語こそが、地球の新しい黄金時代を開く上で最適の言語なのです。**

地球の全生命が、エロヒムという異星人によって科学的に創造されたということを受け入れる為には、理論・理知を超えた、ある種の感性というものが必要になります。

証拠が無ければ信じることは出来ないというような、理知的な頭脳ではなく、理論・理知を超えた、大いなる何かを感じ取れる感性が必要なのです。

私たち日本人の母国語である**日本語は、理論・理知を超えた、大いなる何かを感じ取る為には最適の言語**なのであり、思考の柔軟性とでも呼ぶべき、**ある種の感性が、新しい時代を開く為には必要不可欠**となります。

そして、エロヒムを迎える為の大使館を日本に建設して、ヤーウェに率いられた、モーゼや仏陀、イエス・キリスト、マホメットなどの古代の預言者たちを日本に招待しようという、**大いなる和の心「大和心」が花開く為には、日本語によって育まれた感性が必要になります。**

エロヒムを迎える為の大使館が日本に建設されるということと、日本人の母国語である日本語とは、切っても切れない、**密接不可分の関係**にあります。

二一世紀に生きる私たち日本人の意識は、「神武三千年の神計り」によって、太古の昔から、**母国語である日本語によって、育まれてきました。**

全ては、この二一世紀に、エロヒムを迎える為の大使館を日本に建設して、人類の黄金時代の扉を開き、「至福千年王国」を花開かせる為なのです。

実は、エロヒムの惑星の公用語というのは、古代ヘブライ語に非常に似ているそうです。

もし、「イスラエルの失われた十支族」や南ユダ王国の人たちが、彼らにとっての「ユートピア」を意味する「東方の日出づる国」日本に辿り着いて、日本建国に関わっていたとしたら、古代ヘブライ語が日本語のベースになっていたのかも知れません。

もしそうだとしたら、**エロヒムの惑星の公用語に非常に似ている言語が、日本語のベースになっている**ということになります。

「神武三千年の神計り」によって、二一世紀に生きる私たち日本人の意識は、エロヒムを日本に迎えられるように培われてきているのです。

母国語である日本語も、その為に大切な役割を果たしています。

聖書の中に、有名な、「初めに言葉ありき」という言葉があるとおり、言葉には、とても大きな力と働きが秘められています。

人類の新たな黄金時代を開く為には、新たな意識が必要なのであり、新たな意識を創る上で、言葉の持つ力、言霊《ことだま》の力はとても大切であり、必要不可欠となります。

そして、世界に類を見ない独特の言語である日本語こそが、**一段と進化した人類の新たな意識を創る上で、最適の言語**であり、その為に用意されてきた言語なのです。

日本語は、とても言霊《ことだま》の力の強い言語だと言われています。

古来、大和の国は、「言霊《ことだま》の幸《さきは》ふ国」と言われており、言葉の霊力が幸福をもたらす国だと言われてきました。

「言霊《ことだま》の幸《さきは》ふ国」の真価を発揮する時が、これから訪れようとしています。

美しき大和の国

日本という国ほど、四季折々の変化に富んだ、美しい自然に囲まれた国は、世界中何処にも無いと言えるかも知れません。

北は北海道から、南は九州・沖縄まで、寒帯から熱帯までのあらゆる気候が凝縮されており、四方を海に囲まれ、緑も水も豊かで、きめ細やかな自然美に満ち溢れています。

そして、この美しい国土というものが、日本人の資質を形成する上で、大きな役割を果たしています。

エロヒムの大いなる計画により、私たち日本人は、世界で最も四季折々の自然が美しい国土に、生かされているのです。

四季折々の変化に富んだ、きめ細やかで繊細な自然に育まれて、**私たち日本人は、きめ細やかで繊細な感性を育み、優れた資質を育んできました。**

そして、その優れた資質・感性は、茶道・華道や和歌・俳句などの伝統芸能は元より、日本食の素晴らしさ、日本製工業製品の質の高さというようなところまで、深く関わっているのだと考えられます。

「大和の国」日本は、四方を海に囲まれた、美しい国土に守られながら、大陸から様々な良いものを取り入れ、融合させて、**世界に誇る美しい文化**を育んできました。

今、世界で一番人気のある観光地は、日本の京都だということなので、ニューヨークでもパリでもありません。

日本という国には、それだけ、世界中の人々を惹きつけるだけの魅力があるということであり、底力・実力があるということなのです。

そして、このことは、**エロヒムを迎える為の大使館が、日本に建設されるということとも、深く密接に関わっています。**

エロヒムを迎える為の大使館が建設されて、エロヒムの偉大なる帰還が実現するということは、地球の恒久平和が実現し、「至福千年王国」が花開くことになりますから、有史始まって以来、人類にとって最大のイベントとも言うべきものになります。

それを実現させることが出来る国や民族というのは、一朝一夕に出来るものではなく、**その大役を果たせるように、太古の昔から用意され、導かれてきています。**

四季折々の変化に富んだ、世界で最も美しい国土の中で、東洋の一番東にある島国として守られながら、大陸から様々な良いものを取り入れ融合させて、世界で最も長い歴史を有する国の中で花開いたのが、日本の文化なのです。

エロヒムを迎える為の大使館が建設される国というのは、世界で最も長い歴史や伝統を持った国であり、**世界中の人々から賞賛されるような実力を持った国**なのです。

何故なら、エロヒムを迎える為の大使館が建設される国というのは、**「至福千年王国」の中心地として、何千年にも亘って地球・世界の精神的、および科学的中心地と**なりますから、新しい地球の中心地となるべき底力を有しているのです。

美しい自然の中で何千年にも亘って育まれてきた日本の文化が、世界中の人々に賞賛されるのは、ある意味においては当然なのであり、元々、エロヒムがそのように計画したからなのです。

京都が今、世界で一番人気がある観光地だというのは、不思議なことではありません。

京都は、千年以上前から、国際都市として栄えてきました。

そして、千二百年程前には、渡来人である秦氏の多大な協力により、ヘブライ語でエルサレムを意味する平安京が建設されました。

もし、将来、「第三神殿」とも言うべき、エロヒムを迎える為の大使館が京都に建設されることになれば、その時、京都は、**聖なる都「新しきエルサレム」**と呼ばれることになるのかも知れません。

エロヒムを迎える為の大使館が建設される場所、即ち、聖なる都「新しきエルサレム」となる聖地としては、霊峰富士周辺、沖縄、広島、京都などが候補地として考えられます。

「個の花」を咲かせて生きる時代

「霊《ひ》ノ元」日本の象徴である霊峰富士の守り神とされているのは、木花之佐久夜毘売《このはなのさくやひめ》です。

全国の浅間神社では、木花之佐久夜毘売《このはなのさくやひめ》が祀られています。

コノハナノサクヤヒメの「コノハナ」は、「個の花」に通じています。

今、私たち日本人の中に眠る遺伝子が目覚め、蘇り、花開く時を迎えています。

大いなる和の心「大和心」が花開き、大和魂が蘇る時を迎えています。

私たち人類の黄金時代の到来、地球の恒久平和、「至福千年王国」の実現に向けて、私たち一人ひとりが、自分に与えられた使命を自覚し、自分が果たすべき役割を演じる時を迎えています。

地球の新しい精神文明「花咲く都・黄金文明」は、**私たち一人ひとりが「個の花」を咲かせ、**自分の持ち味を発揮して、新しい地球の誕生に向かって邁進することにより花開くのです。

日本が世界平和を実現させる

日本が中心となって、世界平和を実現させることになります。

世界平和の中心的役割を果たすのは、私たち日本人なのです。

米・英・露・中・仏の国連常任理事国が中心となって、世界平和が実現する訳ではなく、世界全体で数万発はあると言われている核兵器のほとんどは、米・露を中心とした国連常任理事国が保有しています。

自衛の為の軍隊しか持たず、**世界で唯一、核兵器の被害を受けた日本**だからこそ、核の脅威を訴え、二度と核兵器が使用されることのないよう、「ノーモア・ヒロシマ」という訴えを、全世界に向けて発信していく中心的役割を担えるのかも知れません。

そして、中東の一神教の人々に見られるように、宗教・民族の違いから、何千年にも亘る紛争・対立を続けている人々は、自らの紛争・対立すら解決することも出来ず、とても世界平和の中心的役割を果たすことは出来ません。

私たち日本人は、神社に初詣に行き、お寺でお葬式を挙げ、年末にはクリスマスを盛大に祝って、日々の生活の中で、神道・仏教・キリスト教という異なる宗教を、何気なく使い分けて生きています。

この、**宗教というものに対して無節操とも見える日本人の感性こそが、「大和心」が持つ懐の深さ・おおらかさの顕れ**でもあり、これからの地球・世界に、**大いなる和「大和」**を実現させ、世界平和を実現させることになるのです。

世界平和の中心的役割を担えるのは、日本だけであり、私たち日本人には、それを実現出来る実力と底力が天より授けられています。

私たち日本人は、地球の恒久平和を実現させる為に、太古の昔から用意され、導かれてきた民族なのです。

一人ひとりはそのことを意識出来なくても、私たちの遺伝子の中に秘められていますので、遺伝子が目覚め、蘇り、花開く時を迎えます。

エロヒムを迎える為の大使館が日本に建設されて、エロヒムの偉大なる帰還が実現し、地球の恒久平和が実現するのです。

「花咲く都・黄金文明」が日本から花開き、「至福千年王国」が花開く時を迎えます。

スメラ（日本）とイシヤ（ユダヤ）――善の御用と悪の御用

エロヒムにとって、特別な民族が二つあります。

一つは、私たち日本人であり、もう一つは、ユダヤ人です。

日本は火の働き「｜」であり、**ユダヤは水の働き「―」**になります。

神の経綸において、二元性の対立という型を、地球・世界規模で演じる役割を担っていたのが、日本とユダヤなのですが、日本はスメラの霊統（善役）であり、ユダヤはイシヤの霊統（悪役）になります。

スメラの霊統である日本が演じる善の御用を、「スメラの真釣り」と言います。

イシヤの霊統であるユダヤが演じる悪の御用を、「イシヤの魔釣り」と言います。

「イシヤの魔釣り」で言うユダヤとは、決して、一般的なユダヤ人やユダヤ教徒を指すのではなく、一部の金融ユダヤ人や国際金融資本家、軍産複合体などを指します。

「霊《ひ》ノ元」日本の象徴、霊峰富士が持つ、世界に二つとして無い（不二）働きである、二元性を統合させて、大いなる和「大和」を地球・世界にもたらすという働きにより、これから、**日本とユダヤは統合へと向かい、善と悪とが統合へと向かいます。**

これから、日本がユダヤを包み込み、抱き参らせ、大いなる和「大和」を、地球・世界にもたらすことになります。

善の御用である「スメラの真釣り」が、悪の御用である「イシヤの魔釣り」を抱き参らせた時、地球・世界に大いなる和「大和」が実現することになります。

私たち大和民族、そして「大和の国」日本は、地球・世界に大いなる和「大和」を実現させる為に、太古の昔から用意されてきた、特別な民族であり、国家なのです。

悪の御用である「イシヤの魔釣り」は、ユダヤ民族が背負うことになった宿命と、深く密接に関わっており、これは、ユダヤが持つ水の働きによるものなのです。

ユダヤは水の働きなので、今、世界の水（＝お金、情報）はユダヤが支配しています。

今、世界のお金（マネー）、金融システム、マスコミなどの情報は、ユダヤが支配していますが、これは、ユダヤが持つ水の働き「一」によるものなのです。

現在の金融システムは、ユダヤ人によって構築されてきたものなのですが、これは、

ユダヤ人が背負った宿命と深く関係しており、大手マスコミなどの地球規模の情報ネットワークをユダヤ人が支配していることとも、密接に関係しています。

ユダヤ民族は、ローマ帝国に破れて祖国を失い、ディアスポラ（離散民）と呼ばれ、一九四八年にイスラエルが建国されるまで、二千年近くに亘って、世界各地へ離散し、流浪の民としての運命を辿ることになりました。

そして、イエス・キリストを磔にした罪人として、迫害・弾圧を受け、世界中へと離散していきました。

祖国を失い、迫害・弾圧を受けて、二千年近く、世界中に離散させられる運命を辿った**ユダヤ民族により、現在の金融システムや地球規模のグローバルな情報ネットワークが構築されてきたのですが、これは、ユダヤが持つ水の働きによるもの**なのです。

ユダヤ人は、ほとんどの職業に就くことが禁止され、唯一許されていた職業が、**キリスト教徒から忌み嫌われていた、利子を取り扱う職業**である、高利貸し（質屋）や金塊の保管人、両替商（貿易決済業）などでした。

ユダヤ人は迫害・弾圧を受け、世界中に離散して行きますが、この離散状態を生かして、貿易決済業に携わるようになり、為替技術を発達させていきます。

そして、保険や株式・債権、銀行券など、様々な金融商品を開発していきます。

迫害・弾圧を受けてきたユダヤ民族の宿命というものが、現在の金融システムを生み出す元になったとも言えるかも知れません。

そして、ユダヤ人によって構築された金融システムは、産業革命という時代の波に乗り、資本主義を世界中に広めていくことになります。

こうして、金融システムを構築するようになったユダヤ人は、大きな力を持つようになり、ヨーロッパ各国の王室にとっても、必要不可欠な存在となっていきました。

産業の振興や、侵略戦争など、国家運営に必要な資金を最も上手に調達出来るのが、ユダヤ人だったからです。

また、迫害・弾圧を受けて世界中に離散する運命を辿ったユダヤ民族は、独自の情報ネットワークを、世界中に構築していくことになります。

「フランクフルトでユダヤ人の足を踏んだら、モスクワからサンフランシスコまで情報が行き渡る」と言われるような、独自の情報ネットワークを持っていました。

金融という、お金（マネー）が持つパワーにより、絶大な権力を握ることになった一部の金融ユダヤ人たちは、マスコミなどの情報も支配するとともに、軍需産業も支配し、エネルギーも支配し、**政治や経済を影でコントロール出来るような、絶大な力を持つようになりました。**

近代・現代の世界の主な歴史は、彼らによって創り出されたものだと言っても過言ではありません。

近代・現代に起きた世界の主な戦争なども、偶然起きた訳ではなく、意図的に創り出された戦争なのであり、全ては、「イシヤの魔釣り」によるものなのです。

お金（マネー）という、人間が生きていく上で必要不可欠な、一番根源的な部分をユダヤが握っているので、今、私たち人類は、ユダヤに支配されていると言っても過言ではありません。

お金（マネー）という、自然界には存在しないものを発明したのは私たち人間であ

り、**金利という、自然界には存在しないものを発明したのも、私たち人間です。**

お金や金利という、元々自然界には存在しないものを発明したことにより、人類の多くの人々が、長い間、苦しめられてきました。

生きていく上で必要不可欠となってしまったお金というものを得る為に、毎日、馬車馬のようにあくせくと働かされ、様々な不正が行われ、**お金の奴隷にされてしまっているのが、私たち人類の有様**だと言えるかも知れません。

そして、金融という、**お金（マネー）の仕組みを構築して来たのはユダヤ人であり、悪の御用である、「イシヤの魔釣り」によるもの**なのです。

今、私たち人類は、「イシヤの魔釣り」により、九分九厘までは、悪の御用に牛耳られていると言っても過言ではないかも知れません。

ユダヤ教徒は、**強烈な選民思想**により、異教徒を人間として認めておらず、家畜（ゴイム）としかみなしていないとも言われています。

行き過ぎた選民思想により、一部の金融ユダヤ人たちは、神の選民である自分たちが、異教徒を支配し、世界を統治するのは当然のことだと考えているのです。

また、**ユダヤ民族が持っている救世主思想**というものが、一部の原理主義的過激派によって歪められ、「この世の悪や不幸を人為的に頂点にまで満たして、この世を破壊し尽くし、メシアを到来させる」という**危険な思想**になっています。

一部の金融ユダヤ人たちは、この危険な思想を持っています。

世界を支配している一部の金融ユダヤ人たちにより、私たち人類は今、家畜（ゴイム）や奴隷のように完全に支配される寸前のところまで来ているのです。

そして、**「イシヤの魔釣り」が九分九厘まで勝利を収めているのも、神の経綸の一部**であり、天の計画によるものなのです。

私たち人類が、自らの中にある悪の心（攻撃性、野蛮性、行き過ぎた欲望など）を克服して、私たち人類の黄金時代を迎える為には、数千年の歳月と、悪の御用（悪役）による学びのプロセスが必要だったのであり、それを演じる役割を担っていたのが、イシヤの霊統なのです。

お金（マネー）という、自然界には存在しない仕組みを発明したのは、私たち人間ですが、私たち人類は、必ず、お金というものを、人類が辿るプロセスの中で、発明することになっていたのです。

原始時代の物々交換の次には、必ず、貝殻か何かを貨幣のように使用する時代があり、やがては、**お金（マネー）という仕組みを発明して、本格的に構築していくプロセスが、人類の学びのプロセスとして、必要だったのです。**

そして、**金利という、自然界には存在しない利子というものをお金に付ける発明をしたことが、お金というものに、万能とも言える力を与える結果**となってしまい、私たち人類が、お金の奴隷にされてしまうような結果を招いてきたのです。

元々自然界に存在するものは全て、時の経過とともに、風化・劣化していきます。

鉄が錆びるように酸化していきますし、生ものは腐り、あらゆるものは、風化・劣化していきます。

しかし、私たち人間が発明したお金（マネー）というものだけは、時が経過しても風化・劣化しないのです。

時が経過していっても、お金の金額自体は減少することはありません。

一〇年前の一万円が、マイナス金利が付いて毎年何%ずつか金額が減少していって、一〇年経ったら数千円に金額自体が減少していくということはありません。

ですから、例え金利がゼロの銀行口座に預けていたとしても、金額自体は何年経っても減ることはありませんし、金利が付いている口座に預けておけば、例え低金利であったとしても、少しずつ金額自体は増えていきます。

時の経過とともに、お金（マネー）というものは、金額が増えることはあっても、減ることは無いのです。


そして、これが逆に預金ではなく、借金であった場合は、時の経過とともに、どんどん利子が膨らんでいき、しまいには雪だるま式に金額が膨れ上がることになり、お金を借りた人を、大いに苦しめることになります。

お金（マネー）というものだけは、時の経過とともにマイナス金利が付いて風化・劣化したりしないばかりか、借金の場合が良い例ですが、時の経過とともに、ますますパワーアップする性質を持っています。

このようなものは、元々自然界にあったものの中には存在しておらず、私たち人間が発明したお金（マネー）というもののみです。

それも偏《ひとえ》に、**金利という利子が付いているからであり、それがお金（マネー）というものに、万能とも言える力を与えることになっている、根源的な原因**なのです。


元々、ユダヤ教もキリスト教もイスラム教も、利子を徴収することは原則として禁じられていたようですが、ユダヤ教徒だけは、異教徒から利子を徴収することを許されていたようです。

異教徒は人間ではなく、家畜（ゴイム）と同程度だから、何をしても良いというような、行き過ぎた選民思想が背景にあったのかも知れません。

こうして、**ユダヤ人により構築されてきた現在の金融システムにより、お金（マネー）というものが、あたかも万能の力を持つようになり、お金の為には、自然破壊は元より、戦争や奴隷制、様々な不正など、ありとあらゆることが行われて来た**のだと言えるかも知れません。

そして、お金がお金を生み出すというマネーゲームが行き着いた末に、金融工学という名の元に、デリバティブ（金融派生商品）というものを発明するに至りました。

現在、マネー経済は実体経済を遥かに超えてどんどん大きくなり、実体経済の何倍・何十倍にも膨れ上がっているとも言われています。


現在の金融システムにおいては、銀行の「信用創造」という名の元に、**「無から有を生み出す」ような形でお金（マネー）が生み出され、それが銀行からの借り入れという形で金利が付いて、**どんどん世の中に出回って行きます。

地球全体として見れば、常に貸出金額より返済金額が多い状態であり、借金を返済する為にはさらに借金をしなければならない仕組みになっていますので、**借金の「無限ループ」に地球全体が陥っているの**です。

地球という「有限」な環境の中で、人類が「無限」に経済成長を続けていくことは不可能なので、今の金融システムのままでは、いずれ私たち人類は、経済的破綻か、環境的破滅か、どちらかを迎えるしか、道は無くなっているのです。

ユダヤ人によって構築されてきた現在の金融システムにより、**私たち人類は、経済的破綻か、環境的破滅か、どちらかを選択するしか道は無いところまで来ています。**

そして、これは「イシヤの魔釣り」によるものなのです。

「イシヤの魔釣り」においては、お金（マネー）という金融システムだけではなく、軍事、エネルギー、食糧、医療、マスコミでの情報操作など、**ありとあらゆる手段・方法を使って、人類を完全に支配しコントロールする為の企てが水面下で行われており、九分九厘までは「イシヤの魔釣り」が勝利を収めている**と言っても良いかも知れません。

ほとんどの人たちは、支配されていることにも気付かず、毎日、馬車馬のようにあくせくと働かされてお金の奴隷にされ、情報操作や洗脳・マインドコントロールなどによって歪められた環境の中で、**思考停止のような状態**にさせられています。

そして、真実を知らされず、家畜のように飼い慣らされていることにも気付かずに、自分たちは自由に生きているのだと思っています。

悪の御用である「イシヤの魔釣り」が九分九厘まで勝利を収めているのも、神の経綸の一部であり、**人類の学びのプロセス**だったと言えます。

私たち人類が、自らの中に潜む攻撃性・野蛮性や、行き過ぎた欲望などの悪の心に気付き、それを克服していく為には、自らが発明・構築したお金（マネー）という仕組みと、数千年の歳月、様々な学びのプロセスが必要でした。

有史以来の人類の歴史は、一言で言えば、争い・対立の歴史とも言えるかも知れませんが、それも、**これから延々と未来へ続いていく人類の悠久の歴史の中では、最初のプロセスにしか過ぎません。**

私たち人間の一生に例えるとするならば、赤ん坊のような、ものの善悪も分からない幼少期に当たると言えるかも知れません。

有史以来、ものの善悪も分からない幼子のような状態で、争いや対立に明け暮れ、行き過ぎた欲望の虜になって、物質文明を突き進んで来た私たち人類も、数千年に亘る学びのプロセスを経て、二一世紀の今ようやく、私たち人類の黄金時代を花開かせる時を迎えられるまでに成長して来たのです。

今ある物質文明の延長線上には、私たち人類の未来は無いということに、人々は気付き始めています。

今ある物質文明は、もはや、新しく、より高度な次の文明に移行すべき、臨界点に到達しているのです。

従って、悪の御用である「イシヤの魔釣り」は、そろそろ終わりの時を迎えています。

真実が啓示される時代、アポカリプス（黙示録）の時代を迎えて、全てが科学的に理解可能な時代を迎え、地球の新たな精神文明「花咲く都・黄金文明」、「至福千年王国」を花開かせることが出来る時代を迎えていますので、**悪の御用である「イシヤの魔釣り」は、もう終わるべき時を迎えているのです。**

そして、悪の御用である「イシヤの魔釣り」を終わらせるのは、善の御用である「スメラの真釣り」なのです。

「スメラの真釣り」により、この日本にエロヒムを迎える為の大使館が建設されて、エロヒムの偉大なる帰還が実現した時、人類の黄金時代が幕を開け、地球の恒久平和、大いなる和「大和」が実現します。

地球の新たな精神文明「花咲く都・黄金文明」が花開き、「至福千年王国」が花開く時を迎えます。

日本が持つ火の働き「|」により、天（エロヒム）と地（地球）とが繋がります。

そして、**エロヒムの二五〇〇〇年進んだ科学を遺産として伝授されることにより、日本は、「至福千年王国」の精神的、および科学的中心地となり、世界をリードしていく**ことになります。

「イシヤの魔釣り」においては、世界の水（＝お金、情報）は、水の働きであるユダヤが司っていました。

ユダヤ民族が背負った迫害・弾圧の歴史と関係しながら、今ある金融システムやグローバルな情報ネットワークは、横方向・水平方向の動きである水の働き「一」によって、ユダヤが地球規模で支配するようになりました。

しかし、「スメラの真釣り」により、日本がエロヒムの二五〇〇〇年進んだ科学を遺産として伝授され、地球・世界の中心地となりますので、それ以後、**世界の水（＝お金、情報）は、日本が司る**ことになります。

日本が持つ火の働き「｜」と、ユダヤが持つ水の働き「一」が統合されて、「神『十』の王国」とも言うべき、「至福千年王国」が花開くのです。

イエス・キリストが「天国の奥義」と呼んだ、エロヒムの偉大な叡智を全世界に向けて情報発信し、エロヒムの二五〇〇〇年進んだ科学により、人類を幸福にする科学技術・テクノロジーを普及させ、何れは、貨幣経済を終わらせて、お金（マネー）というものが存在しない、理想的な未来社会を実現させることになるでしょう。

悪の御用である「イシヤの魔釣り」を終わらせることが出来るのは、善の御用である「スメラの真釣り」だけなのです。

善の御用であるスメラ（日本）が、悪の御用であるイシヤ（ユダヤ）を包み込んで抱き参らせなければ、大いなる和「大和」は地球・世界に実現しません。

スメラの霊統である、私たち日本人は、その為に、太古の昔から用意され、導かれてきた民族ですので、私たちの中に眠る遺伝子が目覚め、蘇る時を迎えています。

私たち日本人が、大和心・大和魂を発揮して、有史以来数千年続いた、人類の古い歴史の幕を閉じ、人類の新しい歴史の幕を開けるべき時を迎えているのです。

私たち日本人一人ひとりが、真実に目覚め、賢明な行動を取り、人類の黄金時代の到来を妨害しようとするあらゆる企みを阻止して、**エロヒムを迎える為の大使館を日本に建設することが、人類の未来にとって何よりも大切になります。**

私たち日本人一人ひとりの力を合わせ、イシヤを包み込み、抱き参らせ、人類の黄金時代の扉を開くことが大切なのです。

そして、スメラの霊統である日本が、イシヤの霊統であるユダヤを包み込み、最終的に抱き参らせる時、重要な鍵となるのが、日本の天皇家の存在なのです。

日本の天皇家に流れる血筋・霊統が持つ権威には、世界を支配出来るような権力を持った金融ユダヤ人たちといえども、権威の面では、敵わないのです。

何故なら、**日本の天皇家には、古代ユダヤの最も正統なる血筋・霊統、ダビデの王統が受け継がれているから**です。

二千数百年の長きに亘って、日本で万世一系の天皇家が続いて来たのは、世界中で他に類例が無く、これは、エロヒムの特別な加護によるものなのです。

ダビデの王統は、永久に続くとエロヒムから約束されている特別な王統なのであり、「霊《ひ》ノ元」日本の天皇家には、ダビデの王統が、ちゃんと受け継がれています。

日本の天皇家がダビデの王統を受け継いでいるからこそ、スメラの霊統・日本は、イシヤの霊統・ユダヤを包み込み、抱き参らせることが出来るのです。

これは、「神武三千年の神計り」における、とても大切なところなのです。

日本の天皇家にエロヒムから与えられた役割というものが、何れ、新しい地球を開く上で、重要な鍵となります。

天皇は、天（エロヒム）と地（日本）を繋ぐ、日本の祭司長なのです。

「スメラの真釣り」においては、日本の天皇家が、最後の切り札となる、重要な鍵を持っています。

日本で花開く、聖なる都「新しきエルサレム」

「スメラの真釣り」により、「第三神殿」とも言うべき、エロヒムを迎える為の大使館が日本に建設されますので、聖なる都「新しきエルサレム」は、日本で花開くことになります。

エロヒムを迎える為の大使館が建設される場所は、おそらく、霊峰富士周辺、沖縄、広島、京都辺りになるかと思われます。

神国日本の象徴である霊峰富士周辺が相応しい感じもしますし、皇室の祖神とされる天照大御神のモデルとなった女性エロハが最初に降り立った沖縄も考えられます。二度と核兵器の使用されることの無い、地球の恒久平和を象徴する場所としての広島や、あるいは、一二〇〇年前、古代ユダヤ民族である秦氏によって、ヘブライ語でエルサレムを意味する平安京が建設された京都なども候補地として考えられます。

いずれにしても、聖なる都「新しきエルサレム」は、「至福千年王国」の中心地として、何千年にも亘って繁栄する特別な聖地となるのです。

宇宙時代の幕開け――人類が神（エロヒム）を見る日

早ければ西暦二〇三〇年頃、遅くとも二〇四〇年までの間の、西暦二〇三〇年代の何れかの時期に、エロヒムを迎える為の大使館が日本に建設されて、エロヒムの偉大なる帰還が実現し、**宇宙時代が幕開け**します。

ヤーウェたちに率いられて、モーゼや仏陀、イエス・キリスト、マホメットなどの古代の預言者たちが、エロヒムの宇宙船に乗って、地球にやって来るのです。

イエス・キリストは、ここ日本において、再臨することになります。

私たち人類が、神（エロヒム）を見る日が到来します。

その時、私たち人類の中で、神「十」が復活します。

「イスラエルの失われた十支族」の型で出されていた、「失われた神『十』」が、復活するのです。

神とは、無形の超自然の全能の存在などではなく、エロヒムという「天空から飛来した人々」、つまり、私たちと同じ人間であり、私たち人類もまた、科学の偉大な秘密

により、創造者になれるのだということを自覚するのです。

そして、イエス・キリストや仏陀とは、神や仏として拝んだり、助けや救いを求めたりする対象などではなく、**私たち一人ひとりもまた、仏陀であり、イエス・キリストでもあるということを自覚する**ことになります。

「十」とは、イエス・キリストが架けられた十字架をも意味しています。

イエスが十字架に架けられて死亡した三日後に復活し、永遠の生命を与えられてエロヒムの不死の惑星で二千年間生き続け、イエスの実の父親であるヤーウェとともに、エロヒムの宇宙船に乗って地球にやって来た姿を目の当たりにした時、イエス・キリストの真実の姿も復活するのです。

人類史において、イエス・キリストが果たした役割が、真実の光の中で蘇るのです。

私たち人類は今まで、自分一人の力では歩けないので、宗教という「松葉杖」を必要としてきました。

モーゼや仏陀、イエス・キリスト、マホメットなどの古代の預言者たちは、宗教という「松葉杖」が必要とされる時代に、人類を導く為にエロヒムから遣わされた、偉大なメッセンジャーだったのです。

しかし、**ヤーウェを始めとするエロヒムの偉大なる帰還が実現し、モーゼや仏陀、イエス・キリスト、マホメットなど古代の預言者たちの再臨も目の当たりにした時、もはや、宗教という「松葉杖」は必要ではなくなります。**

もはや、宗教という「松葉杖」に頼らなくても、私たち人類は、自分の足で歩くことが出来るようになるのです。

人類が神（エロヒム）を見る日は、宗教の終わりの日ともなります。
私たち人類の中で、神「十」が復活するのです。

そして、「神『十』の王国」とも言うべき、「至福千年王国」が到来し、宇宙時代が幕開けすることになります。

花咲く都・黄金文明――至福千年王国

エロヒムを迎える為の大使館が日本に建設されて、エロヒムの偉大なる帰還が実現した時、地球の新しい精神文明「花咲く都・黄金文明」が日本から花開き、「至福千年王国」が到来することになります。

地球の恒久平和が実現し、私たち人類の黄金時代が幕開けします。

私たちが待ちに待った、全人類の春を迎えるのです。

もはや、国と国、民族と民族、宗教と宗教が相争うことの無い、平和で自由で豊かな、喜びに満ちた世界が花開き、「至福千年王国」が花開きます。

そして、宇宙時代が幕開けするのです。

日本は、「至福千年王国」の中心地として、地球の精神的・科学的中心となり、以後千年以上に亘って、人類の黄金時代をリードしていくことになります。

そして、宇宙時代をリードしていくのです。

エロヒムの二五〇〇〇年進んだ科学を遺産として伝授されることにより、今、私たち人類が抱えているほとんどの問題は、遠からず解消されることになるでしょう。

エロヒムの二五〇〇〇年進んだ科学の恩恵を享受して、科学が人間に奉仕する時代を迎え、**科学が人間に奉仕する黄金文明**を享受出来るようになるのです。

人間に代って、ほとんどのことは生物ロボットがやるようになりますから、私たち人類は、次第に労働から開放されていきます。

そして、貨幣経済も何れ終了し、お金（マネー）というものが必要でなくなる社会が到来するのです。

お金（マネー）というものが存在しないので、**お金（マネー）で人を支配することも出来なくなりますし、お金（マネー）で人が支配されることも無くなります。**

全ての人に、必要なものは全て与えられることになります。

そして、お金（マネー）というものが存在しないので、人々は、お金（マネー）を得る為に何かをしなければならないということは一切無く、自分の好きなことだけをして生きることが出来るようになります。

スポーツでも芸術でも何かの研究でも、自分が好きなことだけをすることが出来、

自己を開花させることに専念することが出来るのです。

そして、寿命も驚く程長くなりますから、誰もが健康で、ほとんど若いままの状態で、何百年も生きることが出来るようになります。

何れは、**不死の生命**、**永遠の生命**も可能になります。

誰もが平和で自由で豊かな、喜びに満ちた人生を、何百年にも亘って満喫出来るようになるのです。

そして、私たち人類も、宇宙探査に出かけて行き、何れは、他の惑星で、生命を創造する実験を開始することになるでしょう。

他の惑星での生命創造の実験が成功し、私たち人間と同じ知的生命体を創造するようになった時、今度は、私たち人類が創造者となり、神（エロヒム）と呼ばれることになるのです。

「霊《ひ》ノ元」日本の天岩戸開き、富士は晴れたり日本晴れ

今、東洋の「日出づる神国」、「霊《ひ》ノ元」日本の天岩戸開き、富士は晴れたり日本晴れの時を迎えています。

エロヒムを迎える為の大使館が日本に建設されて、創造者であるエロヒムの偉大なる帰還が実現し、「花咲く都・黄金文明」とも言うべき、「至福千年王国」を花開かせることが、「霊《ひ》ノ元」日本の天岩戸開き、富士は晴れたり日本晴れということなのです。

私たち日本人である大和民族、そして「大和の国」日本は、地球・世界に大いなる和「大和」を実現させ、人類の黄金時代の幕開けを到来させる為に、太古の昔から用意され、導かれてきた、特別な民族であり国家なのです。

今から数千年前、地球上の生命は、大洪水によって、一度絶滅しました。

エロヒムの惑星における、地球での生命創造の実験に反対する反対派のリーダー、**サタンの要望**により、地球に核ミサイルが発射されて、大洪水が起き、地上の全生命は巨大な津波に飲み込まれ、死滅したのです。

そして、元々一つだけだった原初の超古大陸は、核ミサイルによる大爆発によってバラバラになり、今の五大陸に分かれたのです。

この時、我が身も顧みずに地球の生命を救ったのが、エロヒムの科学者であり、地球での生命創造実験のリーダーの一人でもあった、**ルシファー**なのです。

地上の全生命が絶滅させられることを予め知ったルシファーたちは、ノアに命じて宇宙船を造らせ、その中に、保存すべき生命の種子を集めて守りました。

そして、大洪水が起きた時、地球の生命は、何千キロも離れた上空で、「ノアの箱舟」と呼ばれた宇宙船の中で、保護されていたのです。

この時、エロヒムの惑星の不死会議の議長であるヤーウェは、エロヒムを創造した他の惑星からやって来た自動宇宙船に残されていたメッセージを知りました。

そのメッセージにより、**エロヒムもまた、他の惑星からやって来た異星人たちの手によって、科学的に創造された**ことを知ったのです。

そして、**もしも人類が野蛮で攻撃的であれば、将来、惑星間文明に到達することを**

可能にするエネルギーを発見した時に、自己破滅するであろうことを理解しました。

エロヒムを創造した創造者たちが残してくれたメッセージにより、ヤーウェは、地球の生命を抹殺したことを後悔し、二度と再び、地球の生命を抹殺することはしないと決意するとともに、**ルシファーたちが宇宙船の中に保護していた生命を、再び地上に戻すことに協力したのです。**

このことは、サタンの反対を振り切って行われました。

そして、人類の歩みは人類自らの手に委ねることにしたのです。

大洪水によって一度は生命が絶滅してしまった地球に、再び生命が蘇ることになったのは、ルシファーたちのグループと、ノアを始め、助け出された一部の人間たちとの協力によるものなのです。

私たち人類が、今こうして生きていられるのは、我が身も顧みずに地球の生命を救ったルシファーのお陰なのであり、**ルシファーの存在なくして、今、地球に生命は存在していないのです。**

ルシファーの語源は「光を運ぶ人」であることを思い出すことが大切になります。

ルシファーが、大洪水後に再び生命を地球に蘇らせるに際して、将来の人類を救うべき特別な民族・国家として、新たに創造したのが、私たち日本人であり、日本という国なのです。

今の日本の国土は大洪水後、東洋の「日出づる神国」の国土として創造されました。そして、私たち日本人は、他の民族には無い、特別な遺伝子を持った民族なのであり、元々**「和」**の精神を持ち、悪の心（攻撃性、野蛮性、行き過ぎた欲望など）が少なく、将来、**地球・世界に大いなる和「大和」を実現させる為の民族として創造されているの**です。

ヤーウェを始めとするエロヒムの惑星政府は、大洪水後、人類の歩みは人類自らの手に委ねることにしました。

しかし、人類が科学を発達させていき、何千年後かの将来、惑星間文明に到達することを可能にするエネルギーを発見した時、私たち人類が攻撃的で野蛮であれば、自らが開発した科学技術により、自ら自己破滅することになるのです。
そうならない為には、新たな民族・国家が必要だと考え、**ルシファーが創造した特別な民族・国家が、日本人である大和民族と「大和の国」日本なのです。**

科学技術というものは、時間を掛ければ掛ける程、年月が経てば経つ程、どんどん発達させていくことが出来ますが、科学技術だけがどこまでも進歩していく一方で、**私たち人類が、科学的水準と同等の叡智を持っていなければ、何れは、自らが開発した科学技術により、自ら自己破滅することになります。**

例えば、今、この地球上には、数万発もの核兵器があるとされていますが、もし、世界的核戦争でも起きれば、自らが開発した科学技術により、人類自ら自己破滅することになるのです。

もし、世界的核戦争が起きたらどうなるかという様子が、新約聖書の『ヨハネの黙示録』の中に、「第七の封印」として描写されています。
ヨハネは、エロヒムの宇宙船の中に連れて行かれて、将来起こり得る出来事を、警

告として、映像で見せられました。

テレビに似た装置によって、将来、アポカリプス（黙示録）の時代に起こり得ることを警告として映像で見せられ、書き記すように言われたのです。

二千年も前の、神秘主義者であり原始人である写本家たちの手によって、かなり歪められた表現となっていますが、**『ヨハネの黙示録』の中に、「第七の封印」として描かれているのは、もし世界的核戦争が起きた場合の描写**なのです。


しかし、これはあくまでも、**警告として、ヨハネが映像で見せられ書き記すように言われたもの**なので、これが実際に起きるというふうに勘違いしないことが大切です。

これはあくまでも、警告なのです。

ただし、ラエルの『異星人を迎えよう』の中では、**「地球人に対するヤーウェのメッセージ」**として、最終核戦争の啓示が、『ヨハネの黙示録』の解説とともに書かれています。

そのメッセージの中で、**ヤーウェは、地球人に対して、人類が自己破滅しない確率は一パーセントしかないと警告しています**ので、九九パーセントの確率で、将来、私たち人類は、自己破滅するであろうと警告してくれているのです。

今、人類が保有している数万発もの核兵器だけでも、もし、世界的核戦争が起きれば、人類が自己破滅するに充分な破壊力を持っています。

そして、もし、世界的核戦争が起きなかったとしても、科学だけはどんどん進歩していきますから、**何れ人類は、核エネルギーよりもさらに強力なエネルギーを発見することになるでしょう。**

大洪水の時に地球に発射された核ミサイルというのも、本当は、核ミサイルのようなものであり、核エネルギーよりもさらに進んだエネルギーだった可能性があります。

エロヒムは、今の地球の科学よりも二五〇〇〇年進んだ科学を持っており、核エネルギーよりもさらに進んだエネルギーも使っています。

何れ私たち人類も、核エネルギーよりもさらに進んだ新しいエネルギーを発見することになるでしょう。

しかしその時、**科学的水準と同等レベルの叡智を人類が持っていなければ、自らが**

開発した強力なエネルギーにより、人類自ら自己破滅することになるのです。

エロヒムを創造した創造者たちの世界からやって来た自動宇宙船に残されていたメッセージにより、ヤーウェが知ったように、もし人類が野蛮で攻撃的であれば、惑星間文明に到達出来るエネルギーを発見した時に、人類は自己破滅することになるのです。

実は、「イシヤの魔釣り」において、一部の金融ユダヤ人たちを、背後からマインドコントロールして操っているのは、サタンなのです。

サタンは、実験室で最初に人間が創造された時から、人間は危険だと考え、実験室で創造されたものからは何ら良いことは期待出来ないと考えて、実験室での生命創造に反対してきた、**反対派のリーダー**なのです。

そして、人間が野蛮で危険である証拠を色々集めては、エロヒムの惑星政府に報告していたのです。

サタンから提出された報告書により、サタンを中心とする反対派の意見が優勢となり、ヤーウェを中心とするエロヒムの惑星政府は、一度は、地球の創造物を破壊することを決意し、核ミサイルにより抹殺してしまったのです。

この時、**地球の生命を救ったのがルシファー**であり、エロヒムを創造した創造者たちが残した自動宇宙船のメッセージを知って、地球の創造物を抹殺したことを後悔し**たヤーウェたち惑星政府は、サタンの反対を振り切って、ルシファーが保存していた生命の種子を再び地球に戻すことに協力した**のです。

しかし、それでサタンは諦めた訳ではなく、その後も一貫して、地球の創造物が破壊されることを望み、その為の活動を行っているのです。

「イシヤの魔釣り」において、一部の金融ユダヤ人たちを背後からマインドコントロールしているのは、サタンなのです。

古代イスラエル人というのは、エロヒムの直系子孫であり、「エロヒムの選民」でもあったので、自分たちは特別な民族であるという、選民思想を持っていました。

これが、ユダヤ民族の中に受け継がれて、今でも選民思想として残っています。

「イシヤの魔釣り」においては、**ユダヤ民族が持つ、この選民思想**というものが、一部の金融ユダヤ人たちによって歪められ、**行き過ぎた選民思想、歪められた強烈な選民思想として働いています。**

自分たちは神の選民であり、特別な民族なので、自分たちが、異教徒であるゴイム（家畜）を支配するのは当然だと考えているのです。

また、**ユダヤ民族が持っている救世主思想**というものが、一部の原理主義的過激派によって歪められ、「この世の悪や不幸を人為的に頂点にまで満たして、この世を破壊し尽くし、メシアを到来させる」という危険な思想になっています。

一部の金融ユダヤ人たちは、この危険な思想を持っており、**この危険な思想が「イシヤの魔釣り」で働いているのです。**

そして、一部の金融ユダヤ人たちを、背後からマインドコントロールしているのは、サタンなので、「イシヤの魔釣り」を終わらせなければ、サタンの思う壺なのです。

このまま物質文明を突き進んで行けば、何れ私たち人類は、世界的核戦争をさせられるハメに陥るか、あるいは、核エネルギーよりもさらに強力なエネルギーを発見した時に、自ら自己破滅してしまうか、どちらかになるでしょう。

サタンは最初から一貫して、実験室での人間創造に反対してきたので、**もし人類が自己破滅する事態に陥れば、サタンの思う壺なのです。**

そして、サタンたち反対派が、人間を危険だと考え、人類の破滅を望んでいるのには、それなりの理由があります。

私たち人間は、潜在能力において、エロヒムと同等か、やや上回るだけの能力を持っているからなのです。

エロヒムに似せて、私たち人間は創造されましたので、姿・形は似ているのですが、エロヒムよりも一回り大きく創造されていますので、**私たち人類の脳の方が、エロヒムの脳よりも、少しだけ大きいのです。**

容量の小さいコンピューターよりは、容量の大きいコンピューターの方が高い性能を発揮出来るのと同様、人間の能力も、脳がフル活用された時には、最終的には、脳の大きさ、即ち、脳の容量で決まるのです。

私たち人間は、まだ脳の数パーセントしか使っていないとも言われていますが、もし、脳をフル活用出来るようになった時には、**脳の容量が少し大きい分、創造者であるエロヒムと同等か、もしくは、やや上回るだけの潜在能力を秘めているのです。**

大洪水後、エロヒムの直系子孫である古代イスラエル人の中の優秀な人たちは、地球に追放されたエロヒムの科学者たちの協力の元、宇宙ロケットを建造して、エロヒムの惑星への遠征を企て、ロケットを破壊されてしまったことがあります。

それが、**「バベルの塔」**と呼ばれた宇宙ロケットでした。

サタンたち反対派は、人類はエロヒムと同等か、もしくは、やや上回る能力を秘めていると知っているので、**もし、人類が攻撃的な性格であれば、将来、科学を発達させた時に、自分たちの惑星に危険が及ぶかも知れないと考えているのです。**

そして、地球の創造物を抹殺したいと考えているのです。

私たち人類はまだ、人間に秘められた可能性を知らないのです。

地球の全生命が、「天空から飛来した人々」であるエロヒムによって科学的に創造されたことも理解せず、無形の超自然の全能の神を崇め、木で出来た十字架や仏像の前にひれ伏して、イエス・キリストや仏陀に助けを求め、救いを求めています。

科学の偉大な秘密により、自分たちも創造者になれることや、創造者であるエロヒムと同等か、やや上回るだけの能力を秘めていることに気付いていないのです。

真実が啓示される時代、アポカリプス（黙示録）の時代を迎えた今、私たち人間に秘められた可能性に、一人ひとりが目覚めるべき時を迎えています。


エロヒムにとって特別な民族が二つあります。

一つは、私たち日本人であり、もう一つは、ユダヤ人です。

「聖書の民」であるユダヤ民族は、**エロヒムの直系子孫であり、「エロヒムの選民**」でした。

そして、私たち日本人・大和民族は、大洪水後に、**将来の人類を救うべき特別な民族として、ルシファーたちが創造した、特別な遺伝子を持った民族**なのです。

「大和の国」日本は、東洋の「日出づる神国」であり、「霊《ひ》ノ元」日本なのです。

「ひのもと」日本は火の働き「｜」であり、ユダヤは水の働き「一」になります。

エロヒムにとって特別な二つの民族である、日本人とユダヤ人が、第二次世界大戦において、他の民族が味わったことが無い苦しい試練を経験したことは、エロヒムの計画だったのかも知れません。

「聖書の民」であり、エロヒムの直系子孫であるユダヤ民族と、地球・世界の希望の光である、私たち大和民族を抜きにしては、地球の未来を語ることは出来ません。

「スメラの真釣り」と「イシヤの魔釣り」を抜きにしては、人類の未来を語ることは出来ないのです。

「イシヤの魔釣り」の背後には、サタンがいます。

しかし、「スメラの真釣り」の背後には、ルシファーとヤーウェがいるのです。

エデンの園において、アダムとイブに真実を教えたのはルシファーであり、大洪水の時、我が身も顧みずに地球の生命を救ったのもルシファーなのです。

そして、**「光を運ぶ人」であるルシファー**が、大洪水後に、地球人類を救うべき特別な民族・国家として創造したのが、私たち大和民族と「大和の国」日本なのです。

エロヒムの惑星の不死会議の議長であるヤーウェは、エロヒムを迎える為の大使館

が日本に建設された時、息子であるイエス・キリストを始め、モーゼや仏陀、マホメットなど古代の預言者たちを連れて、宇宙船に乗って日本にやって来るのです。

「あなたたちは、人の子が全能の神の右に座り、天の雲に囲まれて来るのを見る。」

(『マルコによる福音書』第14章・第62節)

日本の象徴・霊峰富士が持つ、世界に二つとして無い(不二)働きである、二元性を統合させて、**大いなる和「大和」を地球・世界にもたらす**という働きにより、これから、日本とユダヤは統合へと向かいます。

スメラの霊統である日本が、イシヤの霊統であるユダヤを包み込み、抱き参らせ、大いなる和「大和」を地球・世界に実現させるのです。

「スメラの真釣り」と「イシヤの魔釣り」が統合された時、「神『十』の王国」とも言うべき「至福千年王国」が日本から花開くのです。

「神武三千年の神計り」が成就する時を迎えます。

今、私たち日本人の中に眠る遺伝子が目覚め、蘇り、花開く時を迎えています。

私たち日本人の中に眠る大和心・大和魂を発揮して、人類の黄金時代の到来を妨害するあらゆる企みを阻止して、エロヒムを迎える為の大使館を日本に建設することが、人類の未来にとって何よりも大切なのです。

「第三神殿」とも言うべき、エロヒムを迎える為の大使館が建設される場所は、**聖なる都「新しきエルサレム」**と呼ばれることになるでしょう。

そして、エロヒムの偉大なる帰還が実現した時、地球に恒久平和が訪れ、人類の黄金時代が幕開けするのです。

地球の新しい精神文明「花咲く都・黄金文明」が花開き、「至福千年王国」が花開きます。

私たちが待ちに待った、全人類の春を迎え、宇宙時代を迎えるのです。

日本は、エロヒムの二五〇〇〇年進んだ科学を遺産として伝授され、「至福千年王国」の精神的・科学的中心地として、以後千年以上に亘って、地球・世界をリードしていくことになるでしょう。

そして、宇宙時代をリードしていくことになるのです。

今、東洋の「日出づる神国」、「霊《ひ》ノ元」日本の真の姿を蘇らせる時を迎えています。
「霊《ひ》ノ元」日本の天岩戸開き、富士は晴れたり日本晴れの時を迎えています。

おわりに

二一世紀に生きる私たち人類は、人類の歴史上において、後にも先にも無い、極めて重要な時代に生きていると言っても過言ではありません。

今、私たちは、稀有の時代を生きているのです。

「スメラの真釣り」が成就すれば、人類の黄金時代の扉が開かれ、地球の新しい精神文明「花咲く都・黄金文明」が花開き、「至福千年王国」が花開くことになります。

しかし、「イシヤの魔釣り」を終わらせることが出来なければ、何れ私たち人類は、自らが開発した科学技術により、自ら自己破滅するかも知れません。

今、私たち人類は、人類の黄金時代を迎えるか、それとも、何れは自己破滅するに至る道を選ぶのかの瀬戸際に立たされていると言っても過言ではありません。

そして、**地球の新しい時代の扉を開く中心的役割を果たすのは、私たち日本人**なのです。

今、日本人の中に眠る遺伝子が目覚め、蘇り、花開く時を迎えています。

日本人の遺伝子の中に眠る大和心・大和魂を発揮し、一人ひとりが「個の花」を咲かせて、新しい地球の創造に向かって邁進していくことが求められています。

私たち日本人一人ひとりの力が結集された時、人類の黄金時代の扉が開かれ、地球の恒久平和が実現することになるでしょう。

新しい地球の誕生は、それ程遠い先の未来ではありません。

私たちが待ちに待った、全人類の春を迎えるのです。

二一世紀の今この時を生きている私たち日本人は、人類の黄金時代の扉を開く、地球・世界の希望の光なのです。

私たち大和民族、「大和の国」日本は、**地球・世界に大いなる和「大和」を実現させる為に、**太古の昔から用意され、導かれてきた、特別な民族であり国家なのです。

今、その本来の役割を果たすべき時を迎えています。

今、「霊《ひ》ノ元」日本の象徴、**霊峰富士に黄金の太陽が昇る時**を迎えています。

富士の夜明けは日本の夜明け、そして、日本の夜明けは、地球・世界の夜明けです。

今、東洋の「日出づる神国」、「霊ノ元《ひのもと》」日本が蘇り、花開く時を迎えています。

「霊ノ元《ひのもと》」日本の天岩戸開き、富士は晴れたり日本晴れの時を迎えています。

竜宮音秘

西暦二〇二三年（令和五年）春吉日

主要参考文献・引用文献

『大宇宙意識（無限）と異星人エロヒム』　竜宮音秘著　星雲社
『富士は晴れたり日本晴れ』　大和富士著　星雲社
『永遠（とわ）の中今』　大和富士著　星雲社
『真実を告げる書』　ラエル著　無限堂
『異星人を迎えよう』　ラエル著　無限堂
『聖書』　財団法人日本聖書協会

参考文献・引用文献

『マイトレーヤ』　ラエル著　無限堂
『複製された神の遺伝子』　戸来優次著　同朋舎　角川書店
『[謎解き]聖書』　戸来優次著　徳間書店
『古事記』　講談社学術文庫
『コーラン』　中央公論社
『アムリタへの道』　気龍著　文芸社
『大和民族はユダヤ人だった』　ヨセフ・アイデルバーグ著　たま出版

『日本・ユダヤ封印の古代史』　マーヴィン・トケイヤー著　徳間書店
『天皇家の大秘密政策』　大杉博著　徳間書店
『カミヤマの啓示録』　地中孝著　日本超古代研究所チナカ
『金融のしくみは全部ロスチャイルドが作った』　安部芳裕著　徳間書店

著者紹介　　竜宮音秘　リュウグウノオトヒメ

富山県出身。慶應義塾大学文学部卒業。

神国日本の新しい音楽である「竜宮音秘の調べ・神響き、天岩戸開きの祝いの神楽歌」を、天意により、作詞・作曲。

西暦２０３０年代に日本から花開く、次世代の地球の新しい精神文明「花咲く都・黄金文明」の実現に向けて活動を開始。大和富士から竜宮音秘に改称。

音楽アルバム：「虹の輝く世界へ」

「永遠（とわ）の中今」他
著書：「大宇宙意識（無限）と異星人エロヒム」

「魂の夢、光り輝く魂」

「何故、未来は１００パーセント確定しているのか」他
竜宮音秘公式ウエブサイト　www.yamatofuji.com

花咲く都・黄金文明

2023年7月1日　初版第一刷発行
著者　竜宮音秘
発行所　ブイツーソリューション
〒466-0848 名古屋市昭和区長戸町 4-40
電話　052-799-7391
ＦＡＸ　052-799-7984
発売元　星雲社（共同出版社・流通責任出版社）
〒112-0005 東京都文京区水道 1-3-30
電話　03-3868-3275
ＦＡＸ　03-3868-6588
印刷所　モリモト印刷
万一、落丁乱丁のある場合は送料当社負担でお取替えいたします。
小社宛にお送りください。
定価はカバーに表示してあります。

ISBN 978-4-434-32216-7